必ず
リーダー資質が
育つ学級づくり

主体的・対話的な人間性を育む活動

齋藤 浩 ［編著］

JN071285

Ｇ学事出版

はじめに

　私は敢えてタイトルに「必ず」という言葉を付けました。教育には、「こうすれば、こうなる」という絶対的なものは存在しないと思われています。事実、教育書を読んでそのまま実践した同僚が、
「本のようにうまくいくわけがない」
書かれたような成果が出ず、愚痴っているのを何度も耳にしました。
　教師という人間が指導し、児童という人間が教育を受けている以上、うまくいくこともあるでしょうし、反対に何ら効果が上がらないということもあるでしょう。多くの教師がそうしたことを理解した上で、
「まあ、読んでみようか…」
半信半疑で手にするのが教育書だと思います。
　学級には、リーダーが必要です。社会でリーダー的な人材が不可欠だと言われる以上、学校でも育成していく必要があるからです。私自身が教師になりたての頃は、リーダーを育成することなど夢物語でした。育成する術を持っていなかったからです。仕方なく、
「俺についてこい！」
自分が先頭に立ち、クラスを回すしかありませんでした。何となくクラスが機能しているように見えるので、
「まあ、これも学級経営の一つの形だろう」
自分自身を納得させていましたが、今にして思えば恥ずかしい話です。
　やがて、「こうすればリーダーが育つのではないか」といろいろな方法を試すうちに、多くの子がリーダーとして名乗りを上げるようになってきました。はじめのうちは、うまくいく方法もあれば、成果が出ない取り組みもありました。そんな経験を10年ほどしたでしょうか。多くの手法の中から厳選された取り組みを試みると、どのクラスでもリーダーが誕生するようになっていったのです。

しかし、それは私の独りよがりかもしれません。まだ、子どもたちが
リーダーとして動いている振りをしているという可能性を否定できませ
んでした。真偽のほどを検証する必要があります。私は何人もの仲間に
声をかけ、

「リーダーを育てる方法として、こんなのはどうだろう？」

幾つもの取り組みを紹介し、試行するように頼んでみました。半分は
渋々、半分は半信半疑で始めた取り組みでしたが、数か月すると、驚き
の声が出てくるようになったのです。

「たまたま授業に遅れていったら、子どもたちが自分たちで声を掛け合
って自習をしていたんですよ！」

「学級会のレベルが職員会議の比ではありません！」

「遠足の計画を任せたら、自分たちでゼロから創り上げてしまいまし
た！」

何人かの仲間ではなく、取り組んでみた全員の声でした。

　話を最初に戻します。リーダーを育成するのは、簡単なことではあり
ません。しかし、本書で紹介する方法を試みれば、リーダーは「必ず」
誕生します。もっとも、ただ一つの方法で育成するのは不可能です。短
期的な取り組み、長期的な取り組みが不可欠であり、また様々な手法を
有機的に組み合わせる必要もあります。

「えっ、本当に？」

半信半疑以下でしょうが、それでも騙されたと思って半年間試してみて
ください。

「ほっ、本当だ！」

歓喜の声に変わること間違いなしです。

齋藤　浩

必ずリーダー資質が育つ学級づくり

もくじ

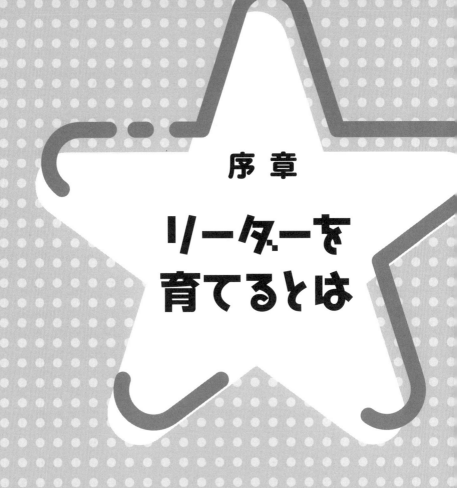

序章

リーダーを育てるとは

1 生まれながらのリーダーなどいない

　本書で紹介する方法を試みれば、リーダーは「必ず」誕生します。そのためには、まず意識改革が必要です。生まれながらのリーダーなどいないという考えを持つことです。多くの担任がよくこぼしています。
「最近、リーダーが減ったと思わない？」
　過去との比較は難しいですが、私も進級当初から活躍するリーダーが減ってきたなという印象は持っていました。しかし、先天的なリーダーなどいません。生まれてすぐに人をまとめる力を持った乳幼児がいるとしたら、それは奇跡です。生まれて何年かは、自分のことで精いっぱいなはずです。
　では、入学当初から活躍するリーダーは、一体どこでそうした資質を身につけたのでしょうか。おそらく、家庭、幼稚園、保育園等で培ったのでしょう。つまり、リーダー的な資質は、後天的に育まれるということが言えるのです。もし先天的な資質ということであれば、身についていない段階であきらめるべきです。それが後天的ということになれば、誰もが等しくリーダーになるチャンスを持っていることを意味します。
「人をまとめるなんて、まっぴらゴメン」と言う子に、
「リーダーになりなさい」と無理強いをするのはよくありません。
リーダーに向かない子もいるからです。誰かに黙ってついていったり、一人で黙々と作業したりすることが好きな子は、人を引っ張るという行為が苦痛でしかないことも少なくありません。
　他方、リーダーになりたくても、はじめからあきらめている子にとっては、思い込みはもったいないと伝えることが必要です。
「私は、そんな力ないし…」
クラスの前に立って活躍する友だちを羨望の眼差しで見つめると同時に、自分とは遠い存在だと決めつけている子にとっては、自分がリーダーになるなどという現実は思い描けないようです。ですが、それも得意か不得意かの違いだと教えていくことが必要です。

少しコツを教えただけで簡単に逆上がりができる子がいます。他方、時間をかけて数か月でできるようになる子もいるのです。リーダーになることも同じです。ある子は、簡単にノウハウを身につけ、瞬時に活躍の場を広げていくかもしれません。ですが、リーダーになる資質を身につけることは競争ではありません。時間をかけても、やがて自分のものになっていけばよいのです。名門灘高校で教科書を使わず、中学の3年間をかけて中勘助の『銀の匙』を1冊読み上げるという国語授業を展開した伝説の国語教師、橋本武先生は言っています。

「すぐに役立つことは、すぐに役立たなくなります」

　ということは、時間をかけてリーダーとしての資質を身につけていった子は、一生涯自分のものとして活用する期待が持てるということです。

　一つのことをあきらめる子は、どんなこともあきらめるものです。そんなとき、「誰でもリーダーになれる」という教師からのメッセージは、多くの分野で、「頑張れば何とかなるかもしれない」という子どもたちの意識改革につながる期待も持てるのではないでしょうか。

2 そもそもリーダーとはどんな存在か？

　リーダーは学級経営の在り方を意識することで、必ず育てることができます。ただ、問題なのは、何をもってリーダーとするかということです。思い描くリーダー像が適切でないと、誤ったアプローチに終始する懸念が出てきます。

　リーダーを育てる意味は、決してクラスを効率的に経営するためではなく、社会に出たときに活躍する人材を育むことにあります。子どもたちが社会人になる未来は、今以上に混沌とした社会情勢や環境が待ち受けていることでしょう。とすると、そうした複雑な状況下でも自分だけでなく仲間の人生をも切り拓いていける、先見の明を持った資質があることがリーダーの条件でしょう。

・未来に対する展望を持ち、的確な指示を出せること
・新しいことにチャレンジする開拓精神を持っていること
・仲間に寛容で信頼を集めていること
・自分の意思を持ちながらも仲間の意思も尊重できること
・仲間のモチベーションを高める配慮ができること

　例えば、これらの能力を持った人間をリーダーということができます。

　もっとも、気を付けなければならないのは、学級内ではリーダーがしばしば違う意味でとらえられていることです。

「この子がいると、クラスがピリッとして、何かあっても必ず正しい方向に向かいます」

　新学期に新しいクラスを受け持つ際、前担任からリーダーとして活躍しそうな子の説明を受けることがあります。もちろん、リーダーとしての資質を備え、仲間を引っ張ってくれる子もいますが、中には大きな声で指示を出すものの、自分の主張だけで仲間を大切にしない様子が見られる子もいます。これはリーダーとは言えません。元々、その子に力がないというわけではないでしょう。

「あなたが注意してくれると、クラスがピシッとする」

担任が誤ったメッセージを送り、その子がリーダーとしての働きを勘違いしてしまったケースもあると感じるのです。

　ときに、人格そのものをもってリーダーと称されることも耳にします。

「この子は、本当に誰に対しても優しくて…。この子がいると、クラスの雰囲気があたたかくなります」

　担任から見ても何かホッとするような、和やかな雰囲気を持った子がいるものです。自然と、仲間からも好かれることが多いでしょう。だからといって、「リーダーとしても即戦力ですよ」と安易に決めつけることは避けるべきです。確かに、いつでもニコニコしている子がクラスにいるのは楽しいものですが、それは担任にとっての都合です。生まれ持った性質と、リーダーとしての資質は別物です。

クラスの中には、厄介だと言われる子がいるかもしれません。仲間からの人望が厚いだけならまだしも、必要なら担任に食って掛かるような子です。

「先生はさっき田中君を注意しましたが、それは間違っています。なぜなら、一生懸命に気を付けたのにたまたまミスをしてしまったからです。気を付けずにミスをしている清水君のことは注意しませんでした。結果だけを見て注意するのは、僕は間違っていると思います」

こんな子がいたら、ときに困ることもあるでしょう。

「何かあの子は頭でっかちで、言うことがいちいち気に障る」

しかし、彼の主張は正論です。過程を見ず、結果だけ着目して注意するというのは、担任として問題です。

「あの子は、ちょっと面倒だよね」

そう言われる子の中に、案外リーダーとしての資質を備えている子は多いものです。

3　話をするだけでリーダーは育たない

　教師は子どもたちに話して分からせるようにすることが多いです。人間は言語で思考するので、言葉を使って相手に伝えるのは正しいやり方です。一部の賢い子は、担任の話を聞くだけで、「よし、やってみよう」とその場から実行に移すこともできるでしょう。しかし、これはあくまでもほんの一部の限られた子です。

　では、なぜ多くの子が話を聞いただけでは無理なのでしょうか。それは、実際にどのような行動に移すのかイメージできないからです。

「みんなを2列に整列させて、教室を8時半に出発するようにしましょう」と具体的な指示を出せば、役割を果たせる子は多いです。実際、そのような指示が出されることも多いです。しかし、担任の指示に従って、呼びかけを代行しているに過ぎません。自分の意思がないのです。分かったのは、「先生が2列で8時半に教室を出るように言っているんだ」

11

という具体的な内容だけで、他の場面で活用できる汎用性のある学びではないのです。

　子どもたちは、話を聞くと分かったように返事をします。
「先生の言う通り、自分から行動することが大切なんだ！」

　確かに、話の内容は理解できたでしょう。ただ、理解したのは、あくまでも主体的な行動が大切だという概念です。自分から動くというのはどういうことなのか、実感できてはいないでしょう。具体的に言うと、クラスではどこまで自分からやっていいのか、どのような方法でやっていいのか、自分で決めることと担任に相談することとは何が違うのか等、実際には分からないことだらけです。

　話の内容を拡大解釈し、「先生が自分で考えて行動した方がいいって言ったから、足りないボールを体育倉庫から出して遊んでいたんだ。そうしたら、別の先生が勝手にボールを出しちゃいけないって…」
へそを曲げてやってくる子もいるでしょう。そんなとき、
「体育倉庫のボールを使っていいわけないでしょ」
と結果だけを見て、子どもに話したら、
「何だ。本当は、自分からやっちゃいけないんだ」
と曲解する懸念すらあるのです。

　大きな誤りは、話だけで済まそうとしているところです。リーダーとしての資質を備えるための学びは、机上の論だけで済むほど簡単なものではありません。「ああ、そうなんだ」と実感を伴い、「次もやってみよう」とさらなる意欲が持てるものでなければならないのです。

　では、どのような仕掛けが必要になってくるのでしょうか。

4 リーダーを育てるための法則

　リーダーを育てるためには、4つの法則があります。
「えっ、本当に？」　この中にはそう思うものもあるかもしれませんが、

半年続ければ間違いなく本物のリーダーがどんどん出てきます。

　1つ目は、自分から行動してよい場をたくさん用意することです。少ない場の提供では、活躍できる子が限られます。場が多ければ、少数の子だけで回すのは不可能です。自然と、その他の子にも挑戦の機会が巡ってくるというわけです。

「この子は引っ込み思案で、臆病で…」

受け持つ際に心配だと申し送りを受けた子が、学年きってのリーダーになったことがありました。本人に成長の理由を聞いたところ、

「今までは自分がやりたいと思っても、できる子しかチャンスがなかった。でも、今はやることが多いから…。みんなにチャンスがある」

彼の中で眠っていた才能が開花したのでしょう。チャンスのカードが少なければ遠慮する子もいますが、溢れた状態であればやらざるを得なくなるのです。その結果、自身の力に気づくというわけです。

　2つ目は、子どもの失敗をも褒めることです。失敗したということは、チャレンジしたことに他なりません。

「失敗を恐れず、よく自分からやろうとしたね」

結果でなく過程を評価されれば、次も挑戦しようと思うはずです。人間は、失敗すると、自然と次は気を付けようと思うものです。気を付けようと思うところにこそ、熟慮や工夫が生まれるものです。自然と的確な判断力へと結びつくでしょう。体育倉庫からボールを出して遊んでいた子に、「何で勝手なことしたの？」と一方的に注意してはいけません。

「確かにクラスのボールは一つしかないから、そこから持っていったんだ。まあ、そう考えるのは自然なことだよね」

自分から行動したことを評価すべきです。公共の物という意識は、また別の機会に教えていけば済むことです。

　3つ目は、リーダーとして動かざるを得ない場を設定することです。

「このプリントを配ってくれる？」

子どもが快く引き受けたとしても、そこに主体性は存在しません。

「このプリントは配った方がいいだろう。じゃあ、配っておこう」

そう感じられる仕掛けを作っておくことが大切なのです。場合によっては、教師がやるべきところを我慢して子どもが気づくのを待ったり、進んで行動しなければ先に進まない環境を整えたりするのです。簡単なことで言うとプリントを配るという作業から、難しい課題で言うと遠足や修学旅行の企画・運営まで、「自分たちが進めなければ…」という意識を多くの子が持てば、そこには先の見通しを持ったり、仲間と協力したりする力の獲得を期待できます。

　4つ目は、ときに困難な課題を提供することです。楽な経験ばかりしていては、困難なことに挑戦する気持ちを持つことはできないでしょう。何か月も取り組み、苦労に苦労を重ねてようやく一つのことを成し遂げたとき、「こんなに嬉しかったことはない」と今までにない達成感を味わうはずです。始めた頃はまさか自分にできるなどと思わず、仲間と協力してゴールに辿りついたとき、感動で涙する子さえいます。

「頑張ったね」「うん」

共に分かち合えば、それだけの言葉でも、心が通じ合うものです。社会でリーダーとして活躍する人材は、困難になればなるほど力を発揮すると言われます。

　本田宗一郎はリーダーの心構えについて次のように言っています。

『私の最大の光栄は、一度も失敗しないことではなく、倒れるごとに起きるところにある』

子どもたちにも、挫折するような題材を用意すべきです。

　この4つの法則を頭に入れ、効果的に教育活動の中に盛り込んでいけば、間違いなくリーダーは誕生します。

「えっ、この子にこんな力が…」

思いもよらぬ人材を発掘できることすらあります。教師にとって、それはこの上ない喜びとなるでしょう。みなさん、ぜひ一緒にリーダー育成のためのプログラムを実践していきましょう。

第**1**章

リーダーが育つ
学級組織に変える

1 : 学級の係分担を最小限にする

　学級に係を置くことの意味は何でしょうか。

「生き物係がいれば、シクラメンが枯れないで済む」

「日直がいれば、教室の最終チェックをしてくれる」

こんな答えが返ってくるとしたら、係を作ることの意味はありません。子どもたちに決まりきった用をさせているとしたら、それは雑用を任せる程度の発想です。大切なのは、係活動を通してどのような力を付けるかという視点を持つことです。

　期待する力として、責任感、奉仕精神、思いやりなどいろいろあるでしょうが、リーダーを育てるという観点からすると、"自分から"という姿勢が不可欠です。言われてやるとしたら、そこには開拓精神も仲間との共生意識も不要だからです。自分の意志でやるからこそ、次の機会にも必ず生きるというものです。子どもたちが大きくなり、さらに難しい課題に直面したとき、

「あのときは、こうやって乗り切った」

精神的にも技能的にも確かな経験となり、過去の自分を想起しながら新しい難題にも堂々と立ち向かっていくことができるでしょう。

　だからこそ、

「これは、あなたの仕事だから…」

分担を明確にするのではなく、誰がやってもよいようにしておくのです。明確にせず、ただ誰でも参加できるようにしておけば、自分から取り組む子は必ずあらわれます。その子を的確に評価すれば、

「ああやって自分からやるって、いいことなんだ」

周りの子も理解していくことでしょう。

（1）定番の〇〇係をなくす

　例えば、窓係や電気係を作る意味は何でしょうか。敢えて、若手教師

に聞いたことがあります。

「これはあなたの仕事だと明確にすることで、自主性や責任感が生まれると思うんです。最後に窓を閉めたり、教室移動の際に電気を消したりすると、他の場面でも主体的に仕事をするようになるんじゃないですか?」

「じゃあ、窓閉めや電気を消す仕事をした子が、進んで机整頓やプリント配付をしているかな?」

重ねて尋ねると、彼は困ったような表情を浮かべました。そんなことはないからです。私も以前、電気係を作ったことがあります。仕事内容は、教室移動時や下校の時に教室の電気を消すというものでした。しかし、その子は決して電気を付けませんでした。仕事内容に、電気を付けるという文言が明記されていなかったからです。つまり、定番と言われる〇〇係を作っても、他で生かされることはなかったのです。それでは係を作る意味がありません。

　そこで、クラスから係をなくすことにしました。ポスト係、配り係、落とし物係、窓係、電気係など、例外なく全てです。はじめのうちは、学級の機能が一時停滞しました。ポストにはプリントが放置されたまま、担任である私がプリントを持ってきても誰も配ろうとはしません。担任から、

「プリントを取ってきて配ってね」

明確に言われない限り、自分たちの問題としてとらえられなかったのです。落とし物があると、気の利いた子たちは拾ってくれましたが、それでも教卓に置きっぱなし。窓が開け放され、電気も付いたまま下校するということもしばしばでした。前学年で取り組んできた係活動は、何ら汎用性のないものであることの証明でした。

　私はポストにプリントが入ったままであることを知っていても、敢えてそのままにして教室に行きました。そこで、プリントがないことを初めて確認するのです。最初は、私がプリントを取りに戻りました。取り

に行っている間、子どもたちは教室で待つことになります。やがて、ある子が言い出しました。

「先生。僕が取ってくる。そして、明日も見に行く」

一人でもそう言う子が出れば、もうしめたものです。

「じゃあ、黒板は私が消す」

「帰るときに僕が机を整頓しておくから…」

次々と"自分から"の連鎖が出てきました。好循環に転じれば、係分担している以上に徹底されます。係活動は、一つの係に2名程度でしょうから、忘れることがあるのです。しかし、黒板の文字を消すこと、生き物に餌をあげることなどの活動を全員が自分事として考えれば、全ての仕事を何十人でチェックすることになるのです。係をなくした方が、仕事のやり忘れは全くと言ってよいほどなくなりました。

　係をなくしたことで得られる成果は、その他にもありました。あるとき、終業式の代表児童の言葉を自分のクラスから選出するのを忘れていたのです。

「代表児童の言葉。4年2組の代表の子、壇上までお願いします」

司会の教務主任がアナウンスした瞬間、選出を忘れていたことに気づきました。担任としては真っ青です。そのとき、一人の女の子が私の方を向いてニコッと笑うと、ゆっくりとステージに向かって歩き出したのです。2学期の感想を述べる原稿は長くはありませんでしたが、慌てることなく立派なスピーチでした。終業式が終わり、彼女に近づくと、すぐにお礼を言いました。

「だって、先生の顔を見たら、ああこれはウチのクラスの誰かに頼むの忘れたなって、すぐ分かったから…。それに、大切なのは、自分からでしょ」

　係を作ればその係の仕事だけしかしませんが、係がなければどんな仕事も自分の問題となります。未来への展望を持ったリーダーを育てるには、何があっても臨機応変に対応できる力を身につける必要があります。

だからこそ、クラスに定番の○○係を作るべきではないと考えるのです。

（２）日直もなくす

　簡単に言うと、日直は一日限定でクラスの責任者になることを指しています。責任者といっても、代表委員や学級委員のリーダー的存在ではなく、あくまでも雑用をこなすという意味での役割です。各教室の管理責任者が担任であるように、子ども側から見た場合、クラスの雑用係長みたいなものでしょう。

　ところで、日直の業務とは何でしょうか。これが仕事だという規定などありませんが、朝と帰りの会の司会、授業の号令、学級日誌の記入などが一般的な仕事内容でしょう。子どもたちは、なぜ日直をやるのか考えもしません。担任でさえ、

「日直はクラスの定番だから…」

旧態依然の考えをそのまま受け入れているようです。

　そもそも、朝と帰りの会の司会を引き受けて、何か力がつくのでしょうか。

「みんなの前で話す力が身につく」

迷わず、そう答える担任もいるでしょう。ですが、私は敢えて聞きたいのです。

「では、日直という制度を導入することで、クラスのみんなが堂々と人前で話すようになりましたか？」

自信をもってイエスと答えられる担任は少ないでしょう。精々、月に１回程度回ってくる日直を経験したからといって、そんなに簡単に表現力が身につくはずはありません。ましてや、リーダー的な資質となったら尚更です。

　だとしたら、日直当番など、即刻止めるべきです。日直がいなくなれば、誰かが授業の号令をしなければなりません。

「じゃあ、僕がやります」

決まった子が毎回号令していたら、周りはどんな反応を示すでしょうか。
「いつも、決まった友だちがやってる。良くないなあ」
気づきにつながるはずです。毎回気づくうちに、
「次は自分がやろう！」
行動へとつながるはずです。
　学級日誌の記入に至っては、罰ゲームみたいなものです。日直を嫌がる子の多くは、
「日誌を書くのが面倒くさい」
休み時間をつぶして文章を書くことに抵抗感を示します。休み時間という自由な時間を奪われるわけですから、当然と言えば当然な意見です。
日直の廃止とともに、学級日誌をどうするかという問題が残ったとき、クラスで議論すればよいのです。
「日誌に書かなくても済むように、みんなで確認し合う」
「気づいたことをメモする場所を黒板に作っておこう」
解決のための様々な意見が出されることでしょう。その過程こそ、リーダー育成の仕掛けそのものだと考えるのです。

（3）帰りの会をなくす

　"帰りの会"は、教育課程で定められたものではありませんが、多くのクラスで行われています。一日を締めくくるという意味では大切なのかもしれません。ただ、リーダーを育成するという観点から見て、本当に必要な活動でしょうか。
　例えば、帰りの会のプログラムは次のようになっています。
・目当ての振り返り
・友だちのいいとこ見つけ
・係からのお知らせ
・明日の連絡
・担任の話

目当ての振り返りは、自分自身を見つめなおす意味で、必要な活動だと思います。しかし、

「では、振り返る時間だから、振り返りましょう」

お膳立てされてする活動には、「自分から」の姿勢が欠けています。各教科や道徳などの時間を使って、自分から進んで振り返ることの大切さを理解させる方が大切です。

　"友だちのいいとこ見つけ"というコーナーも気になります。

「今日、大津君が消しゴムを貸してくれました。ありがとう」

感謝を伝えている子の気持ちが分からないわけではありませんが、コーナーというお膳立てがないと言えないようでは、将来が心配です。消しゴムを貸してくれたなら、そのときに感謝を伝えるべきであり、わざわざみんなの前で言う必要もありません。いつ、どこで、どのように伝えるのか、その子自身が考えるべきなのです。善行を紹介することで、多くの子どもたちの範になればというねらいがあるのでしょうが、モデルとなる善行は学校生活全般に満ち溢れているはずです。そうしたことに自分から気づく"眼"を持つことの方が、大切なのではないでしょうか。

　"係からのお知らせ"は、「絶対に必要でしょう」と言うかも知れません。しかし、そうとも言い切れないのです。低学年でも、帰りの会を止めたことがあります。翌日の連絡しかしないのです。すると、どうしたでしょうか。落とし物が多くて困った子どもたちは、黒板の横に落とし物コーナーを作り、例えば、

『この鉛筆はストーブの前に落ちていました』

というように、必要な情報を黒板に書き込み始めたのです。クラスみんなでドッジボールをしたいと思っている子は、

「昼休み、みんなでドッジボールをしたいと思います。なるべく校庭に来て、みんな一緒に遊びましょう」

給食中に呼び掛けているのです。帰りの会が毎日準備されていれば、誰もがそこで発表すればいいと思うでしょう。しかし、定番のプログラム

に乗っかっているようでは、自分の意志がありません。いつ、どのようなタイミングで声を掛けるのか考える過程にこそ、リーダー育成の要素が詰まっていると思うのです。

　もちろん、朝の会も不要だと思っています。朝の歌、係からの連絡など、決められたプログラムをこなしていても、リーダーは出てきません。しばらく様子を見ていると、子どもたちの中で何かしようとする動きが出てくるものです。
「先生。歌を歌ってもいい?」
「みんなで体操をしたいんだけど…」
「みんなに言いたいことがあります。昨日帰るとき、机がグチャグチャでした。自分の机は、自分で整頓してください」
係からの連絡コーナーがなくても、自治を始めようとするでしょう。そこにこそ仲間と共生しようとする姿勢、自ら開拓していく精神といった、リーダーに欠かせない学びがあると思っています。

(4) 班長も作らない

　普通の考え方であれば、リーダーを育成するために班長を作ろうとするでしょう。班で話し合いをする際、
「班長さんを中心に進めてください」
と言えば、スムーズに班会議が進行するはずです。

　班長を作らないという理由の1つは、リーダーを引き受ける子が固定化されるのを避けるねらいがあります。班の中で選挙をし班長を選出する場合、いつも似たような子が選ばれるのではないでしょうか。確かに、一部の力のある子が進めれば、会議が停滞することはないでしょう。しかし、実は他にリーダーになれる資質を持った子がいるのに、その子にチャンスが回らない可能性があるのです。
「この子とこの子をリーダーにして、クラスを回していこう」
担任はそう考えてしまいがちですが、案外自分でも持っている力に気づ

いていないリーダー予備軍は多いものです。

「では、交代で班長をさせてみたら？」

という考えもあるかも知れません。一人の子に固定するより、はるかに良い方法だと思います。ただ、数日ごとに班長を交代するというルールのもと、全員が班長を体験したとしても、そこに主体性は存在しません。自分の意志で班長をやってみようという姿勢を持ってこそ、リーダーになれるのです。

　2つ目の理由は、話し合いが始まるときに臨機応変に役割分担を決める方が、より社会で生かせると考えるからです。子どもたちにとって、班やクラスでのリーダーがゴールであってはなりません。あくまでも、社会に出てからリーダーシップを発揮するための練習場所であるべきです。

「じゃあ、今回は私が司会をやる」

「僕は書記をやるよ」

事前に分担を決めておかなければ、誰かが手を挙げなければなりません。役割として事前に決まった状態とその場で手を挙げる姿勢とでは、気持ちに大きく違いがあります。遠足のルール決めやバスの座席決め等では、実行委員等が事前に準備をしておく必要があるでしょうが、通常の生活班では敢えて決める必要はないでしょう。

　3つ目の理由は、班長を引き受けただけで、仕事をした気になってしまう子が出てしまう懸念があることです。以前、班長を任せた子の活動が不十分なことがあり、本人に自己評価を求めたことがありました。

「班長として頑張っていると思うけど、自分ではどう思う？」

「うん。自分でも頑張ってると思う」

意外な答えが返ってきました。

「ウチの班長、何もやってくれない」

班員から文句が出るほど主体的でなかったのですが、班長という名前をもらっただけで仕事をした気になっていたようでした。

このように、思い切って班長をなくすのも一つの手だと思います。自然と、
「次は僕がやるから」
自分の意志を示す子が出てくること間違いなしです。

（5）給食当番の代役を作っておかない
　給食当番そのものを子どもたちに決めさせるのは難しいでしょう。
「僕は牛乳を運ぶ」
「私はパンを運ぶね」
子どもたちが主体的に分担することは可能ですが、どうしても時間がかかるからです。4時間目が終わり、給食の時間が迫る中、なかなかそこまでの余裕はありません。当番の分担は事前に決めておくべきだと思います。
　牛乳係もパン係も事前に決めておきますが、多くのクラスで“交代係”のようなものを作っていることにも気づきます。本来の給食当番の子が欠席していたり、例えばケガをして食缶を運べなかったりした場合、当番活動をその子に代わって行うという係です。例えば、牛乳係の子が休んだら、交代係の子が補助に入ります。欠席等がない場合、特に行う仕事はありません。
　私はその代役を作ることもしない方がよいと提案します。なぜなら、給食当番の子が欠席し、代役が必要だということくらい誰かが気づくべきだからです。
「えっ、そんなことまで?」
そう感じる担任がいるかも知れません。私は敢えてこう言いたいです。
「給食当番だからこそです。机の整頓や黒板消しは、誰もしなかったとしても、支障が出ることはありません。しかし、給食当番は全員が揃わないと出発できません。間違えて出発したとしても、給食室で運ぶ人数が足りないことに気づかされます。そのときになって、自分は関係ない

では済まないのです」

代役を置かないということは、足りないことに誰かが気づき、進んでやることを奨励する姿勢を示すことなのです。

　低学年のクラスでも、1か月もすれば必ず誰かが気づくようになります。当番が一人足りないのを知っていても、そのまま出かけさせるのです。給食室に到着し、そこで人数が足りないのを確認すると、

「あっ、いけない。二人足りない。仕方ないから、先生がやーろう」

大げさに表現し、一人で重そうにして持っていきます。すると、当番たちが教室に戻ると、残っている子たちに必ずこう言うでしょう。

「誰も当番を変わってくれなかったから、困ったんだよ。これからは自分たちで気づいてください」

「はーい」

というわけで一件落着です。

　当番を進んで代わるという行為は、さほどハードルが高くはありません。授業が終わってからのことですし、事は大切な食べ物に関することだからです。しかし、代わった子たちの様子を見ていると、知らず知らず自信を付けていることが分かります。班の話し合いを進めるのにリーダーが必要なとき、

「私がやります」

積極的に手を挙げるのは、当番を代わっているような子たちなのです。代役を作らないのを3か月も続けると、残った子の大半が気づき、手を挙げるようになるでしょう。クラスには、こんな仕掛けがたくさん必要なのです。

（6）できれば清掃分担もしない

　これはなかなか高度な段階です。清掃分担を自分たちで決めるためには、様々な条件が頭に入っていなければならないからです。例えば、風が強く廊下にたくさんホコリが入っているような場合は、廊下掃除の人

数を増やす必要があるでしょう。下駄箱は毎日掃除する必要はありませんが、校庭で遊び、靴が泥だらけになったような場合は必要です。教室の床に墨汁や絵の具をこぼしてしまったようなときには、多めの人数を割くことも考えられます。このように、清掃分担は状況によって変わるものです。

　もし朝の会を止めたらどうでしょう。清掃分担を子どもたちに決めさせる時間を確保できるのではないでしょうか。決まりきったプログラムをこなす朝の会と、子どもたちが主体的に考える清掃分担。どちらがリーダーを育てるのに適した内容か問われれば、答えは明白です。確かに、はじめは難しいかもしれません。

「僕は黒板掃除をやりたい」

全体の状況も考えず、何をしたいかという自分勝手な意見が出てくる可能性もあります。そうした意見も貴重です。

「やりたいではなく、何をやった方がいいかを考えようよ」

建設的な意見が出てくるチャンスだからです。周りにそう言われたら、自分本位な意見を言った子も考え直すかもしれません。教師が決めた清掃分担では、不満もなければ満足もないでしょう。

「僕は、今日、水拭きをやる気分じゃない」

本音の意見が出る余地などないのです。それが、様々な意見やときにわがままさえも出ることにより、お互いに考える機会となります。単に清掃分担だけでなく、価値観や常識まで学ぶ機会となるのです。黒板掃除をしたいと主張する子が、自分の身勝手さに気づいたとき、彼がリーダーになれる可能性は飛躍的に上がったと言えます。決められたプログラムでは、思考の機会さえ奪われ、人間関係が深まることもありません。友だち同士で切磋琢磨するからこそ、子どもたちは成長していくものなのです。

　ただ、清掃分担を子どもに任せることは、かなり上級編です。互いに議論ができ、日常的に状況判断する習慣が身についており、固定観念を

持たず臨機応変に考えたり行動したりすることができるなど、日頃の積み重ねが必要です。まずはクラスから定番の係をなくし、日直がいなくても機能的にクラスが動くようになった、2学期以降がよいでしょう。
「そんなことできるの、良い子が集まった高学年だけでしょう」
そんな考えを持っているとしたら、今すぐ捨てるべきです。低学年でも実践しましたが、十分できることです。
「先生。ちょっと掃除場所を見てきてもいい?」
いわゆる朝の会が行われている時間、子どもたちは喜々として、教室を飛び出していきます。やがて、戻ってくると、ああでもない、こうでもないと議論を始めるのです。はじめは15分くらいかかっていても、やがて5分程度でできるようになってきます。ここまで来ると、クラスがスタートした当初は数人しか見られなかったリーダーが、何倍と増えています。
　言い方を変えると、本当は子どもたちは活躍の場に飢えているのかもしれません。担任が清掃分担しないという手立ては、実は子どもたちのニーズにも合っているのです。そのようにしてクラスを見回せば、他にも数多くの場があることでしょう。

(7) クラス全員を"自分から係"に

　今まで担任がやってきたことを徐々に止め、多くを子どもたちに任せる効果について若手教師に説明したとき、こんな質問をされました。
「通知表の特別活動欄には、何と記載するんですか?」
私は全員の欄に"自分から係"と記載しています。学級懇談会や学級通信でも"自分から係"の意味について説明していますが、通知表に改めて書くことで、子どもたちが家の人と話をするという期待も持てるからです。
「そう言えば、あなた、自分から係なのね。ところで、何を自分からやったの?」

というようにです。子どもたちは必死に答えようとするでしょう。その過程こそ、もう一つのねらいです。

「僕はね、落とし物をたくさん拾ったし、帰りによくゴミも拾ったよ。ポストからプリントを持ってくるのも僕が一番多かった」

子どもたちが自慢げに言えば、親はきっとこう返すでしょう。

「じゃあ、夏休みで家にいるのが長いんだから、自分から家の手伝いをして、自分で計画を立てて勉強もしてね」

子どもは渋々ながらも、従わざるを得ないというわけです。

　教室でも、"自分から係"という言葉を使うのがよいでしょう。ただ、あまり頻繁だと子どもたちのストレスになり、あまり使わなくても意識が足りなくなってしまいます。子どもたちが適度に自分の言動を振り替えられるように、よい塩梅で用いることを薦めます。

　ところで、この"自分から係"という名称、実は"積極係"でも何でもよいのですが、使っているうちに子どもたちが誇りを持つようになります。

「私たちは、他の誰に言われたわけではなく、自分自身の信念に基づいて動いている」

自立しているという誇りです。この誇りは、リーダー育成には欠かせません。クラスの至るところに係があったり、お膳立てがされたりしていると、設定された枠が上限となってしまいます。しかし、自分からやるのであれば、何をどこまでやってよいかという天井がなくなり、子どもたちはどこまでも伸びることができるのです。

　担任の想像通りの伸びしかできないようでは、所詮、担任を超えることなどできません。学校を出て社会に出るころには、学校で学んでいたときには想像もつかなかったような事態が起こっているはずです。そのとき、

「学校では、どうだったかな？」

想起したとしても、何の役にも立たないはずです。それが、自分から開

拓してきた歴史があればどうでしょう。

「学校でも、自分からチャレンジして解決してきた。社会では難しいかも知れないが、あのときの精神は忘れないようにしよう」

ということになるでしょう。「自分から」という姿勢には、それだけの力があるのです。

　また、“自分から係”という意識は、無難な成功という結果より、失敗してもいいから過程を大切にしようというメッセージが込められています。今の子どもたちは、極端に失敗を恐れます。行き過ぎた相互監視社会が進行し、SNSなどで炎上する様子を見聞きしたことに関係するのでしょう。失敗しないための唯一の方法は、新しいことにチャレンジしないことです。しかし、そんな人材ばかり育っていったのでは、この国はやがて滅びてしまいます。

「失敗など、恐れるに足りず」

未来のこの国を支える子どもたちが、将来リーダーとして大胆かつ縦横無尽に活躍できるように、今からその準備をしておきたいものです。

2 なるべく集団行動をやめる

　集団行動に対して否定的な考えを述べると、教師の多くは違和感を持つでしょう。学校は集団生活を学ぶ場だと曲解しているからです。何も私は集団生活を否定しているわけではありません。人間は一人では生きていくことはできず、仲間と協力したり多くの人間と共生していくことが不可欠なはずです。

　だとしたら、なぜこんなことを言うのか。私は集団生活を通して、個人の在り方を学ぶべきだと言っているのです。自分という個人を消して目立たないようにしたり、集団の中に自分を埋没させたりすることがあってはなりません。今の若者たちを見てください。多くの若い女性が似たようなファッションで身を飾り、似たような化粧をして、個を主張さ

せすぎないように気を遣っています。自分が出る杭にならないように、最大限の注意を払っているのでしょう。

　他人と違うことにそこまで臆病になっているとしたら、この国にはリーダーは育ちません。なぜなら、リーダーは過去のしがらみを捨て、新たなビジョンを指し示す力量が求められるからです。リーダーは異質の仲間とも接しなければなりません。同じような考えの仲間ばかり集めていたら、組織は停滞します。自分とは異なる考えや発想、ときには理解できないライフスタイルを持つ相手をも取り込むのがリーダーの器量です。

　だとしたら、学校でもそうした教育をするべきです。
「みんなと同じようにしなさい」
ではなく、
「集団の中にあっても、個人を意識しなさい。個人を主張したいときでも、集団でいることを意識しなさい」
自立と共生を促す教育です。そのためには、まず無意味な集団行動から見直していく必要があると考えます。

（1）整列してからの移動はやめる

　未だにですが、集会で体育館に移動したり、特別教室の授業に向かったりする際、クラス全員が整列している光景を目にします。校外学習に出るなら、迷子になるリスクを考えてそうするのは分かりますが、1年生であっても校内で迷子になることは考えられません。整列の意味について、何人かの若手に聞いてみました。
「全校がそうしているから、それに倣っている」
「全員で行けば遅れる子がいない」
「バラバラで行ったらうるさくなるから、揃って行くようにしている」
回答を聞く限り、集団行動する必然性が弱いように感じました。というより、そんな理由で整列させている感覚は危険だと思いました。

遅れる子が出ないように全員で移動させるという発想には、集団の力で個がこぼれないようにしようという気持ちが見られます。教室移動の際、うるさくならないように列を揃えるのも、集団の力で個を抑え込もうという発想です。なぜ危険な感覚だと言ったかというと、個の意志を軽視した組織論だからです。

　集団行動の際、いつも遅れるのは決まった子でしょう。例えば、ギリギリまで校庭で遊んでいるからかも知れません。早く移動したい子は、その子を待つ必要などないと思うのです。ギリギリまで遊んでいたとしても、時間に間に合えば問題ありません。それを揃って移動となると、

「いつも、大津君が遅くて困る」

「いつもじゃないよ。たまにだよ」

無用な諍い（いさか）に発展するのです。そんな不毛なやり取りには、何ら教育的な意味はありません。人間関係をギスギスさせるだけです。

『赤信号みんなで渡れば怖くない』

昔、あるお笑い芸人が言っていた言葉ですが、とても怖ろしい感覚です。遅れた子を待った結果、クラス全員が集会に遅刻したとしても、

「大津君をみんなで待っていたから、遅れちゃった」

平然とそう言えるような風土が蔓延している証だからです。

　リーダーに必要な資質は、未知なることでも果敢に挑戦する勇気です。チームの力を生かす調整力も不可欠です。どちらにしても、個の力量が必要になってきます。チームという集団を活用する際も、失敗したときに全員が関わっているからと、個人の責任を薄めるためにあるのではありません。個人を母体としながらも、必要であれば集団で取り組むのが健全な組織の在り方です。もっとはっきりと言うと、個人を待つために残ったメンバーを犠牲にするという感覚は、明らかに不健全です。

　蛇足かも知れませんが、私はいつもギリギリで来るような子がリーダーに向いていないと言っているのではありません。むしろ、自分の意思がある分、意味もなく集団を尊重する子たちよりも資質はあるでしょう。

「みんな揃って行くように！」
というメッセージは、やがて個という自覚を脆弱にしてしまうのではないかと危惧しているのです。自分の言動に責任を負うべき立場のリーダーに、個という意識は間違いなく必要です。

（2）学級レクをひかえる

　学級レクを全く止めるようにと、強権的に提案しているわけではありません。
「今日もみんなで仲良く遊んでいる。これならクラスも安心だ」
クラスのまとまりの象徴として学級レクを置いているのであれば、その認識は改めた方がよいと言っているのです。例えば、みんなで昼休みに興じるドッジボール。遠目に全体を見れば楽しそうに遊んでいますが、隅々まで見渡すと外野に出て戻ろうとしないまま、地面に絵を描いている子がいるはずです。よく見ると、中央部に陣取ってボールを投げている子は、いつも決まったメンバーではないですか。これは物理的に全員で遊んでいるだけであり、決して全員が参加しているわけではないでしょう。

　児童文学作家、灰谷健次郎氏の『きみはダックス先生がきらいか』を読んだことがあります。新しく赴任してきた教師のあだ名は、ダックス先生。足が短いことから付けられました。冴えない風貌の先生は、はじめは子どもたちにバカにされますが、実は自由と責任をきちんと教える芯の通った大人だったのです。それを理解していった子どもたちから、やがて尊敬を集めていくというストーリーです。作品の中、自由時間の意味について話す場面ではこう言っています。
『自由な時間をどうすごすかということはとても大事なことなんです。あそび時間はあなたたちの学校生活の中でたった一つの自由時間ですから、あなたたちが自由に使う権利があります。本の好きな人は本を読んでもいいでしょう。音楽の好きな人は笛をふいたり、オルガンをひいて

もいいでしょう。もちろん、運動の好きな子は運動場に出てからだをうごかすのもいいのです。それぞれが自分の考えで決めればいいので、一つのことをおしつけるというのはよくありません』

この中で最も大切な台詞だと感じるのは、

『それぞれが自分の考えで決めればいい』

というくだりです。

「楽しい休み時間だから、みんなで一緒に遊びましょう。それが嫌だという子は、集団の輪を乱す悪い子です」

そんなメッセージを送っているとしたら、脅迫に近いのではないでしょうか。

「みんな、しっかりと自分の意志を持ちなさい。ただ、休み時間は別です」

というのでは、個の独立は考えられません。仲間に相談し、いろいろな意見をもらいながらも、リーダーは最後は自分で決断しなければなりません。嫌なのに渋々従う癖が身につくと、やがては間違っていても抗（あらが）うことをしない大人になってしまいます。

　それでも、

「学級レクがリーダーの誕生を阻害するなんて、大げさな…」

と反論があるかもしれません。しかし、毎週、場合によっては毎日のことなのです。積み重ねというのは大きなものです。知らず知らずのうちに体に染みつき、

「嫌でも、みんなに合わせておいた方が無難かも知れない」

などと思う子が増えていったら、リーダー育成など夢物語となってしまいます。実際、社会に出ている大人たちを見てください。周りの目を気にして、息をひそめるようにしているではありませんか。

（3）掃除の反省会もしない

　掃除が終わると、その後の休み時間にまで食い込んで、反省会を行っ

ている子どもたちを見ることがあります。

「今日は、隅の方にゴミが残っていたので、明日は気をつけましょう」

「何人か掃除場所に来るのが遅い子がいたので、明日は直しましょう」

形式的な返事をして、反省会は終わりとなります。反省が生かされれば意味はあるのでしょうが、翌日もまたその翌日も同じような反省をしているのです。

「分かりましたか？」

「はーい」

これでは中身のない儀式と言えるでしょう。反省会をやるのであれば、翌日は何らかの解決がされてなければなりません。

　反省会をやることで、何か仕事をきっちり終えたように錯覚するのは、悪い習慣です。場合によっては、掃除時間を短縮し、本来ならまだ掃除をしている時間なのに反省会を行っている子どもたちもいます。ここで問題なのは、掃除の反省会がはじめからプログラムされていることなのです。仮にその日の掃除が非の打ちどころのないものだったら、反省会など行う必要はありません。それでも、反省会を実施すると、

「今日は、隅の方にゴミが残っていたので、明日は気をつけましょう」

まるで暗唱した台詞のような言葉を述べています。

　本当に掃除態度や内容に問題があるのなら、掃除時間中や休み時間ではなく、例えば朝の時間に行うべきでしょう。朝の会を実施していなければ、ある程度の時間を確保できるはずです。

「先生。掃除の反省をしたいんだけど…」

「どうぞ」

という具合に、中身のある話し合いができるはずです。大切なのは、自分たちで反省する必要性に気づき、どの時間に反省会を行うかを判断し、それを担任に提案するといった段取りそのものなのです。反省会がセットされているから行うという発想は、意味のない学級レクと同じようなものです。

「どのクラスも行っているから、何となく…」
担任からしてそれでは、リーダーなど育ちません。
　学級レクにしても、掃除の反省会にしても、実施する意味を考えなければなりません。
「どんな意味があるのだろう？」
担任は自分に問いかけ、子どもたちにも投げかけていくのです。すると、子どもたちの多くが、他の活動場面でも意味を考えるようになります。
「先生。運動会は体育の発表としてあるんでしょ。音楽会は音楽だよね。作品展は、図工の発表だし…。じゃあ、どうして家庭科の発表はないの？」
などという意見が出てきたらしめたものです。そうした能動的な気づきこそ、リーダーに必要な視点だからです。安易に、
「何、くだらないこと言ってるの？」
一蹴してはいけません。担任は、言葉の背後にある意味にまで、思いをはせる必要があるのです。

（4）友だちとの相談を極力ひかえる
　同僚の授業参観に行くと、グループもしくは近くの友だちと話し合う活動が取り入れられるのをよく目にします。現行の学習指導要領で、
『主体的・対話的で深い学び』
を打ち出しているので、話し合い活動が増えているのだと推察します。ただ、やたらに話し合いという名の相談が多いのが気になります。
「周りのお友だちと相談して！」
担任の指示に反応し、後ろを向いたり横を見たりして相談を始めます。なぜ相談する機会を設けているのか、授業後の協議会でこんな説明をしていました。
「自分一人の考えだと、それが合っているのか、子どもって不安になるじゃないですか。近くの子たちと相談して、これなら大丈夫って自信が

持てると、手を挙げて発言する子が増えてきました」

つまり、挙手に勢いをつけるための相談というわけです。明らかに、これは間違っています。学校は社会に出るための準備機関である以上、社会で活用しない、また社会で通用しない方法を導入すべきではないからです。発言する際、安心という担保を保障してくれる会社など、間違いなく存在しません。

　相談してから発言するという指導は、失敗はいけないというメッセージも送っています。それでは、確かな確証がないと、発言できない子どもたちになってしまいます。仮に、発言内容が当を得た内容でなかったら、

「間違ったのは、みんながいいって言ったからで、私のせいじゃない」

責任を転嫁する人間になる恐れもあります。

　対話とは、相談することではありません。教える子と教えられる子という構図でもありません。これでは、上下関係ができてしまいます。対話は、あくまでも当事者同士がフラットな関係であるべきなのです。ある子がAという意見を述べたら、別の子はBの観点からの意見を述べる。ある子がAの意見を述べ、別の子はただ頷いているようでは、対等な関係など生まれないでしょう。

　このように考えるならば、近くの友だち同士で相談させるという活動は、なるべく控えるべきです。自分の考えに責任を持てないようでは、リーダーになれないどころか、自分らしい人生を歩むことすら難しいでしょう。間違いが怖くて発言できないようでは、未知の分野を開拓していくことなど不可能です。

「一番の相談相手は、自分自身のはずだ！」

担任は、こうした強いメッセージを送るべきなのです。

　リーダーに柔軟性は不可欠ですが、同時にぶれない姿勢も求められます。例えば、社会に出て一つのチームを作って研究する際、成果を出すまでに何年という期間がかかることもあるでしょう。リーダーが予期せ

ぬ実験結果のデータや周りからの干渉に右往左往していては、仲間は安心してついていくこともできません。子どものうちは、少々間違っていても、

「私はこう思う」

思うがままに主張する経験が大切なのです。自分で判断し、自分から発言し、その結果を受け入れることができれば、成功は自信となり失敗は糧となるでしょう。リーダー育成では欠かせない要素です。

3 全員にリーダーの経験をさせる

　リーダーというのは、経験してみなければ、その子が向いているかどうか、力量があるかどうかなど、誰にも分かりません。前の担任から引き継いだ時、どちらかと言うとメンタル的に心配だと申し送りを受けた子が、学年屈指のリーダーになったという例もあります。後で聞いてみたところ、

「自分でもこんな才能があるなんて、思いもしなかった」

本人でさえ驚いているという様子でした。野球が上手かどうかなんて、実際にやらせてみなければ分からないじゃないですか。

　例えば、ソフトボール日本代表の上野由岐子選手。小学校３年生のとき、たまたま父親とジョギングをしていたら、横を走る監督の車に乗っていたのが彼女のクラスメートだったそうです。そこで監督が「誘ってみろ」と言ったらしくて、その子が誘ってくれたのが始まりだと言っていました。そのとき、誰も上野選手が日本屈指のピッチャーになることなど、想像していなかったと思います。才能など、まだ発揮していない段階では、誰にも見えないということです。

　だとしたら、リーダーも同じです。小学校に入学したての子が、

「朝会に行くのに、整列する必要なんてないでしょ。そういうところから自分でできないと、人に頼ってばかりの人生になっちゃうよ」

いきなりそんな発言をしたら、驚きを超えて異常です。スタートラインでは、みんなそれほど変わらないのです。それが、ちょっと声が大きい、みんなを誘って遊びに行く程度で、リーダーかそうでないか線引きされてしまうのです。リーダーだという評価を受けた子はその気になり、そうでない子は自分の力に気づかないままなんて、勿体ないと思いませんか。だとしたら、リーダーという経験を全員にさせてみるべきです。意外な子が名乗りをあげるかもしれません。

（1）学級代表の輪番制

　学校によって名称は違うと思いますが、クラスのリーダー的な役を担う学級委員や代表委員が存在するでしょう。学級委員会や代表委員会を開催し、全校規模の課題も話し合う児童会の主要な組織です。私はこのクラス代表を1週間とか2週間とか、期間を区切って輪番制にすればよいと考えています。

「えっ、係は作らないんじゃなかったの？」

という声が聞こえてきそうですが、主体的に取り組むクラスの仕事と、クラス代表をするという意識や位置づけは大きく異なります。自分から窓を閉めたり電気を消したりするのではなく、自分こそがリーダーだという自覚をもって一定期間過ごさせてみるのです。

　選挙で代表児童を決めるとなると、

「前のクラスでも活躍したから、また田中君がいい」

先入観で選出されることも少なくありません。そうなると、なかなか他の子にはチャンスが回りません。私がなぜこんなことを言っているかというと、私自身が4年生のクラスを担任したときの記憶が強く残っているからです。そのときのクラスでは、毎学期新しく代表委員を2名選んでいました。1学期の代表委員が大活躍して、さあ2学期の代表委員を決めるというときのことです。担任としてあるまじき感覚ですが、

「あの子とあの子がなれば、いいだろうな」

私には意中のリーダーがいました。一人はその子で決まりましたが、もう一人はリーダーというイメージとは最も遠いところにいる子になったのです。
「私にもチャンスをください！」
涙ながらに語ったスピーチが友だちの心をとらえたのもあったでしょう。今にして思えば、やりたいという熱さも伝わっていたのだと思います。
　なぜ、彼女が最も遠いところにいると感じていたかというと、日頃からおとなしく発言内容も聞き取れないような子だったからです。自分から進んでクラスの仕事を引き受けるという姿勢も、全くと言ってよいほど見られませんでした。でも、その彼女が変わったのです。唯一、声だけは小さなままでしたが、何か行事があるとしっかりと企画書を作ってきました。小さい声ながらも、耳を澄まして聞くと発言内容に妙な説得力がありました。結局、2学期が終わる頃、みんなに引退を惜しまれるほど活躍してくれたのです。惜しむ気持ちは、私も同じでした。彼女が特に変わったのではなく、機会がなかっただけの話だったのです。
「どう？代表委員をやった感想は？」
終業式の日に聞くと、満足そうに頷いていたのが今でも印象に残っています。最後に、私はずっと気になっていたことを質問しました。
「ところで、1学期はどうして自分からクラスの仕事を積極的にしなかったの？恥ずかしかったからかな」
私が尋ねると、予想だにしない答えが返ってきたのです。
「他の子がやりたそうだったので、任せることにしました。あんまり頑張ったら、何か、他の子の仕事を取っちゃうみたいで…」
後頭部を何かで殴られたような衝撃でした。同時に、冷や汗が出てきたのを覚えています。もし、彼女にチャンスをあげなければ、どうなっていたのだろうと。
　人の心の中は、なかなか見えません。奥ゆかしさから、力を発揮することを遠慮している子がいるかもしれないのです。だとしたら、全員に

クラスを代表する仕事を任せてみるというのも、意味があると感じています。
「リーダーなんて無理！」
そう言っている子は、リーダーの大変さが分かるでしょう。友だちの注意に、
「うるせえな」
平気で返すことも減るでしょう。どちらにしろ、意味のあるチャレンジだと思います。

（２）特別活動では実行委員制度を導入

　全員にリーダーとしての経験を積ませることで、隠れたリーダーを発掘するように提案してきました。もっとも、遠足や修学旅行、運動会など、取り組みに時間がかかるものについては、特別に実行委員会のようなものを組織するべきだと思っています。リーダーの資質を十分兼ね備えている子に、一つの仕事を全うさせる経験をさせるためです。
「頑張れば、リーダーになるかな…」
という子についても、リーダーとしての考え方や物事の進め方を理解させ学ばせる機会ともなります。
　ただ、その実行委員会のような組織も、単発ではなく年間に３回以上は設定する必要があります。例えば、３年生を例に挙げましょう。１学期の市内巡りでは、実行委員会で４コース程度のモデルプランを作り、学年全員で選ぶような機会を作るのです。方面を決める作業に関われば、自分たちで創り上げたという達成感を持つでしょう。ただ、子どもたちに全てを任せるのはまだ無理です。
「市役所を見学するコースも一つ作らないとね」
「去年のコースを参考に見てごらん」
かなりアドバイスが必要になります。それでも、実行委員の子どもたちが自分たちで創り上げたという成就感を持てれば、他の子にとってもリ

ーダーという役目は素晴らしい経験だという意識を持たせられます。次にリーダーをやってみようか悩んでいる子の動機づけとなるでしょう。

　２学期の遠足では、方面だけでなく、持ち物、約束、バスの座席、しおり作りなど、さらに多くのことを子どもたちに任せるのです。ただ、遠足という校外学習では、安全面の徹底が大切なので、担任が事細かくチェックする必要があります。担任が作っておいた"裏のしおり"のようなものを参考にし、問題がないか突き合わせる作業が必要になります。実行委員の子どもたちは、担任が自分たちをフォローしていることなど、気づきません。大切なのは、
「ヤッター。全部自分たちでやったんだ」
リーダーをやってよかったという思いを持たせることです。１学期が80％手を出したとしたら、２学期は50％程度がよいでしょう。

　それが３学期には、子どもたちに100％任せるのです。もっとも、校外学習では心配だったので、６年生を送る会を題材にしました。出し物の決定は、普通であれば担任が全体像を考え、細かいところを子どもたちに任せるものです。それを、
「全部任せたから」
と言い、チェックさえしないようにしたのです。もちろん、体育館で行われた出し物の練習にも顔を出しませんでした。担任がそこまで徹底した態度を貫けば、
「これは本気だぞ！」
子どもたちも覚悟を決めるはずです。その覚悟こそ、子どもたちの本気度を高め、能力を最大限発揮しようとするものになるはずです。その通り、私は６年生を送る会当日に、初めて自分の学年の出し物を見たのです。それは、それは、素晴らしい出来栄えでした。やらされているという空気など、微塵も感じられませんでした。

　リーダーを発掘したとしても、訓練する場がなければ伸びません。また、訓練することにより、ただのやる気がある子が本物のリーダーへと

成長していくのです。今ある組織を見直せば、このようにまだまだ改善の余地があるのではないでしょうか。時代は刻一刻と動いているのです。組織も今まであったから続けるなどという考え方ではなく、常に吟味していくことが求められています。

第2章

リーダーが育つ
学級環境を整える

1 教室のレイアウトを意識する

　ありきたりの言葉ですが、

『環境は人を作る』

と言われます。だとしたら、環境の整え方によっては、リーダー育成に
も関わるのではないでしょうか。通常、クラス環境というと、清掃が行
き届いてきれいな状態を指したり、学級掲示物が工夫されたりしている
様子を指します。美しい環境は、人の心を穏やかにさせ、また和ませる
意味があるでしょう。それを、大胆にリーダー育成の観点から考えてみ
るのです。

　リーダーは、未来に対する展望を持ち、的確な指示を出せることが必
要です。新しいことにチャレンジする開拓精神もなくてはいけません。
仲間に寛容で信頼を集めているだけでなく、仲間のモチベーションを高
める配慮ができることも要求されます。だとしたら、未来への展望や開
拓精神を要する学級環境を作るのです。仲間と共生しなければならない
環境にも留意する必要があります。

　ただ、あまりに過度であったり露骨だったりすると、子どもが構えて
しまう恐れがあります。

「先生の期待に応えなくちゃ」

余計な力が入る可能性もあります。ここでの肝は、あくまでも自然に仕
掛けを用意することです。気が付いたら、

「あっ、前よりも自信がついた」

そんな感想が出てきたら大成功です。時間はかかりますが、必ず成果は
出てくるのでやってみてください。

（１）可能な限り教室後方を広くする

　しばらくは、コロナ禍の影響で机と机の間隔を開け、教室いっぱいに
机を配置する環境が続きそうです。それでも、やがてウイルスの蔓延が

終息し、通常の生活に戻ったとき、是非とも教室後方を可能な限り広くするようにしてほしいと思います。

　教室後方を開けるためには、机を可能な限り前に出したり、１列の人数を多くする必要があるでしょう。

「えっ、それって狭すぎない？」

反対意見があるでしょうが、一度だけ試してみてください。子どもたちは案外歓迎するものです。

　ところで、なぜ教室後方を広くする必要があるのでしょうか。答えは、そこで子どもたちを遊ばせるためです。

『子どもは自由だから遊ぶのではない。遊ぶから自由になれるのだ』

これはドイツの教育学者ヘルマン・レールスの言葉です。子どもたちを自由にさせるために遊ぶのです。

　長い休み時間を見てみましょう。なかなか子どもたちは遊ばないものです。確かに、ドッジボールやサッカーに興じている子は多くいますが、どれも大人がルールを決めたスポーツです。子どもたちが、自分で考え出した遊びではありません。

　昔の子どもたちの遊びを思い出してみましょう。遊び道具がなく、そこら辺に落ちている物を使って遊んでいました。そこには遊びのリーダーがいて、

「おい、この棒を使って遊ぼうぜ」

独創的な発想で、周りの仲間を楽しませたものです。落ちている物を使って遊ぶには、柔軟な発想が必要で、みんなが楽しめるように工夫しなければならず、まさにリーダーを育成するための方策が詰まっていると言えるでしょう。大人が介入しない、自由で解放された空気が満ちていたのです。

　教室の後方を広くすると、外に出るほどの時間がない、５分から10分程度の休み時間に遊ぶことができます。はじめは、何をしてよいか分からず、互いに乗っかったり押したりしながらじゃれています。そんなこ

とを１か月もしているでしょうか。やがて、飽きてきた子どもたちは、自分たちで遊びを考えるようになるのです。教室には棒は落ちていませんが、雑巾も新聞紙も、机も椅子もあります。椅子を押してレースをしている子がいれば、雑巾をボール代わりに投げて丸めた新聞紙で打っている子もいます。床の上で消しゴムをはじき、相手の消しゴムに当て、陣地から出すようにしている子もいます。自分たちで遊びを創造し始めるのです。

　遊びが活発になってくるのと、リーダーが出てくるのは比例しているように見えます。

「おい、消しゴムは鉛筆ではじこうぜ」

「３回外に出されたら、負けってことにしようぜ」

「やる子が多くなってきたから、２か所に分けて遊ぼうぜ」

さらに楽しくなるように、声掛けしているのです。ルールが決まったスポーツでは、なかなか自由な発想が入る余地はありません。つまり、自由な遊びには、リーダーシップが発揮される場がたくさんあるのです。

　場所も教卓がある前方ではなく、後方がいいのです。担任の目が近くにあるより、ちょっと離れている方がより自由になれるというものです。危険な遊びに発展しない限り、なるべく見守ってあげましょう。

（２）机は４～５人単位でつなげる

　これもコロナ禍の影響で机を離すようになっていますが、通常だと教室の机は２人１組で並べることが多いでしょう。１人余ったところだけ、特別に３人にしているといった様子もよく見かけます。２人１組という形態には、仲間はずれができないといった配慮があるでしょう。

「基本的には隣の子と話すんだよ」

というメッセージを送っていれば、誰と話せばよいのか明確です。ただ問題なのは、そこに個々の意思や意志がないことです。はじめから、誰と話すかという答えが用意されているからです。そこには人間関係の切

磋琢磨も、必要だから誰々と話したいという意欲も除外されます。自分の意思を持ちながらも仲間の意思も尊重したり、仲間のモチベーションを高める配慮ができたりすることがリーダーの資質だとすると、どちらにも該当しないのです。

　机を4つ、5つとつなげたらどうでしょう。
「近くの子と話してごらん」
教師の指示に対して、横並びで4〜5人の話し合いが始まります。環境としては、なかなか話し合いにくいと言えます。実は、この話し合いにくさこそがねらいなのです。一つのハードルと考えてもよいでしょう。
　全てがお膳立てされていて、
「さあ、話し合いやすくしましたよ」
ばかりでは、未知の物事に挑戦する気概など、育まれるはずがありません。
「どうやって、この人数で話そうかな…」
「どうやったら、全員が参加できるようになるのかな…」
面倒な過程でこそ、リーダーシップが発揮されるでしょう。だから、40人のクラスだとして、一列に10人、4列という形態でもよいのです。
　ここで言いたいのは、何も机が多く並んでいなければならないということではありません。子どもたちのことを考えるあまり、過保護になり過ぎないように警鐘を鳴らしているのです。決まりきった一人しか隣にいないというのは、不自然極まりない環境です。敢えて言いたいのは、
「うまくいかない環境を作りましょう」
ということです。面倒な環境で力を発揮できるようになれば、その他の場面でも大丈夫です。ただ、なぜそうするのかは子どもたちに語りましょう。
「みんなは、やがて社会に出ます。社会に出るということは、知らない相手ともその場でコミュニケーションを取り、最大限の力を発揮する力を持っているということです。そのための準備は学校にいるうちからし

なければなりません。だから、このような席の形にするのです。ぜひ、このやりにくさを、みんなの力でやりやすさに変えてください。そうすれば、自分に自信がつき、友だちとももっと仲良くなり、学校だけでなく人生が楽しくなっていきます」

（3）教卓を置かない

　教室には、教師用の机が二つ置かれることが多いと思います。一つは、教師がノートを見たり事務仕事をしたりする、大きめの机です。もう一つは、子どもたちの中央前部に置く、教卓と言われるものです。私はこの教卓が権威の象徴に見えて仕方ありません。教卓を境に、ここからは教師と児童とを分けているように感じられるのです。

　確かに、教卓があると便利です。授業を進めるのに教科書を置いたり、実験道具を並べたりすることができるからです。しかし、机を一つ多く置く分、教室は狭くなってしまいます。教卓を置かないという発想に至ったのは、子どもの言葉からでした。
「何かこの机があると、先生は先生なんだなという気がする」
教師が教師であることは、変えようがない事実です。しかし、その子が言っていたのは、何か困ったことがあっても先生は頼りになるという意味でした。頼られるのは、悪いことではないでしょう。ただ、何でもかんでも担任に頼っていては、自分や自分たちで解決する力はつきません。
「先生。大津君が嫌なこと言ってくる。何とかして！」
「先生。今の席が嫌だから、早く席替えしよう」
自分たちで解決できるような問題でも、担任の力を当てにする子どもが増えているように感じるのです。担任が解決してくれれば手っ取り早く、本人が傷つくことはありません。相手の子に反論されても、
「だって、先生がそう言ったもん」
大手を振って官軍になれるのです。しかし、教師という権威が前面に出すぎてしまうと、子どもたちのリーダーシップは育たないと思うのです。

子どもにそう言われた翌日から、私は教卓を物置に片づけました。自分としては、担任というスタンスから授業を教えるおじさんへの転身をしたかったからです。
「あっ、机がない。どうして？」
問われたので、数人の子と問答しました。
「ないと、どう感じる？」
「先生が偉くなくなったように感じる」
「どうしてそう感じるの？」
「何か、どしっと座っている感じがないからかな…」
ここまで聞くと、満足感を覚えました。担任という立場の私が、絶対的な存在でなくなりつつあると感じたからです。
　確かに、担任が名奉行ぶりを発揮し、何でも見事に解決していけば、クラスのもめ事は劇的に減るでしょう。担任がリーダーとして君臨すれば、子どもたちは頼りにするし、保護者受けもよいはずです。しかし、それが一体何でしょう。子どもたちの一生に担任が付き添えるとでも言うのでしょうか。大切なのは、子どもたちがいかなる困難でも自分たちで解決していく力が得られるようにすることです。
「先生が担任の時はよかった」
なんて言葉は聞きたくありません。
「今が一番幸せで楽しい」
子どもたちが幾つになっても、そう言える人生を歩んでほしいのです。

（4）学級目標を固定化させない
　各クラス、教室前面に学級目標が掲示されているのを多く目にします。
『一人はみんなのために、みんなは一人のために』
『いつも笑顔がたえない明るいクラス』
まず例示した二つの目標に関してですが、私はあまり賛同できません。
クラスという集団を大切にし、一人ひとりに目を向けるというのは、目

標というより配慮事項でしょう。みんなのために頑張ったというのは、あくまでも振り返ったときの結果です。みんなのためということを目標にしては、周りばかり気にする子どもになってしまいます。子どものうちは、もっと自由に伸びてほしいのです。

　どんなクラスにしたいかを目標にするのも問題です。大切なのは、一時的に集団が集まるクラスを大切にすることではなく、個人を強固にすることです。

『独立の気力なき者は必ず人に依頼す、人に依頼する者は必ず人を恐る、人を恐るる者は必ず人にへつらうものなり』

福沢諭吉の遺した言葉です。個人を強固にし、独立した個人が集団として集まるからこそ、真に笑顔が絶えないクラスになるのではないでしょうか。

　百歩譲って目標を掲示するとしましょう。だとしたら、一人ひとりの心の導線に響くものでなくてはなりません。極端に言うならば、30人いたら、30通りの目標が必要だということです。全員が同じ目標を持って突き進むなど、自由主義社会の感覚から言えば異常です。個人の目標が変化していくことを考えると、児童数の何倍もの目標が必要だということにもなります。

　私がユニークだと思ったのは、学級目標の掲示を何十枚としていた担任がいたことです。

『洞察力を持とう』

『人間として自立しよう』

『他人を見て行動しない！』

『言葉を大切にしよう』

個人の目標になりそうなものもあれば、教訓のような言葉が書かれていることもありました。子どもたちに聞いてみると、それぞれ意識しているものが異なりました。

「私は人につられやすいから、もっと人として自立したい」

「失敗してもいいから、自分から挑戦する人になりたい」

驚いたのは、これらの言葉を述べていたのが低学年児童だったということです。それぞれの子の心の導線に響いていたことの証でしょう。担任にそのことを聞くと、我が意を得たりと答えてくれました。

「響くに決まっていますよ。だって、授業をしていたり、休み時間に一緒に遊んでいたりするとき、これだ！と思ったことを、その日のうちに書いて貼るんですから。子どもが納得するのも当然です」

そう言って新しい目標となる掲示物を貼っていると、子どもたちが興味津々に寄ってきました。

「今度はこれになるんだ。この前のことが関係しているんだよね」

子どもたちの中で、その言葉が掲示される必然性があったようです。

　子どもたちは一つの目標を提示しただけで、同じように伸びるわけではありません。

「この言葉なら、リーダーとして期待するあの子とあの子に届くかな？」

子どもを一人の人格として認める姿勢が不可欠なのではないでしょうか。

（5）ベランダや廊下も有効活用する

　例えば、小学校３年生では、植物のタネを植えて観察する授業があります。ホウセンカやマリーゴールドのタネをビニールポットに植え、発芽する様子を観察するのです。これを教室内に置くか、ベランダに置くかでは、大きく異なります。植物の生育には、さほど違いはないでしょう。子どもたちの成長に関わると思うのです。

　教室で育てる場合は、日光がきちんと当たるか置く場所を確認しなければなりません。水やりをする際、教室の床がぬれないように気をつける必要もあります。では、ベランダに出せば全てが解決するのでしょうか。日光の問題はクリアしても、週末に大雨が降り、ビニールポットの中が水浸しという可能性も残ります。天気予報をチェックして教室に入れたり、強風でも飛ばない場所を選んだりする必要が出てきます。

「どっちがいいのかな？」

子どもたちの考える選択肢が増えることがねらいなのです。仲間との話し合いが必要であり、臨機応変な対処力が求められ、何より命を扱うということで責任感も生まれます。どれもがリーダーにとって必要な資質でしょう。

「はーい、では全員、ロッカーの上にビニールポットを置いて」

これでは、ただの指示待ち人間を量産させることになってしまいます。

　クラスによっては、廊下の方が日当たりが良いという環境もあるかもしれません。

「先生。廊下で育てようよ」

子どもたちが柔軟にそう言ってきたら、しめたものです。

「でも、ポットを置く台がないよ」

子どもたちに返せば、解決策を講じる機会となるからです。

「作業員さんに作ってもらおうよ」

「ダメだよ。そんなの、私たちの問題じゃない」

「じゃあ、どうする？」

ということで、プランターを反対にして台にしたり、倉庫にある長机を持ってきたりと、アイディアが出てくることでしょう。

　担任が、ここしかないと決めてかかったら、子どもたちも同じように考えがちです。それに対して、選択肢が常に多い環境であれば、子どもたちはどうしようかとあれこれ工夫して考えるはずです。リーダーには、人に安易に依存しない独立した気概が不可欠です。担任は子どもが自由に選べる環境を整え、

「どこをどう使ってもいいよ」

どっしりと構え、そう伝えられる姿勢が求められているのです。

「そんなことをしたら、他の同僚にどうみられるか…」

憂慮する担任も多いようですが、リーダーを育てるには、指導者自身が同僚からも独立すべきなのです。

2 人間関係を固定させない

　いつでも、決まった仲間が近くにいるというのは、子どもたちにとっては楽な環境です。最も親しい友だちならなおさらですが、そうでなくても、いわゆる相手のツボというものが分かっているからです。固定させた人間関係というのは、思考やコミュニケーションの機会さえ奪います。細かく説明しなくても相手に通じるというのでは、国語力の退化にもつながるでしょう。

　リーダーに必要な資質の一つに、『いつでも、どこでも、誰とでも』接することが挙げられます。社会に出たらなおさらです。初対面の相手と瞬時に人間関係を創り上げ、商談をスタートさせなければなりません。自分の部署に入ってきた新人を、その日から機能させていくことも求められます。

「いつも同じ相手だったら平気なんだけど…」

条件付きの人間関係では通用しないのです。そのためには、安易に人間関係を固定させない環境作りが重要なのです。

（1）席替えは頻繁に行う

　結論から言うと、席替えは頻繁に行った方がよいでしょう。

「そんなに行ったら、子どもたちの落ち着きがなくなります」

という声が聞こえてきそうですが、その程度で落ち着かなくなるとしたら、原因は他のところにあるでしょう。中には、1学期は同じ席を固定するというやり方もあるようですが、これはあまりにも長すぎます。1か月に1回でも少ないでしょう。最低でも1週間に一度は席替えをした方がよいと思います。クジで行うなら、ものの5分程度で済ませることができます。

　なぜ、頻繁な席替えをすすめるかというと、一つはその後に面倒な作業が待ち構えているからです。当番の組み方にもよりますが、掃除場所

が変わったり、給食当番が変わったりする可能性が出てきます。そうすると、新しく組む仲間と臨機応変に確認しなければなりません。時間もあまりないので、

「僕は前の黒板をきれいにするから、田中さんは横黒板を拭いて」

瞬時に確認する必要があるのです。確かに、掃除場所がしばらく固定されていれば、掃除時間になって慌てることはないでしょうが、それは決まっているから慌てないのであり、子どもたちの臨機応変力が身についたわけではありません。アメリカの俳優、ジェームズ・スチュアートは言っています。

『幸せな人生の秘訣とは　変化を喜んで受け入れること』

変化はときに臨機応変さを求められ、とても面倒なものです。しかし、臨機応変にできるということは、そこに人間の意志があらわれる余地があるということで、人としてとても幸せなことです。リーダーになる子たちには、それが幸せの秘訣だと早い段階で教える必要があります。

　もう一つは、いろいろなタイプの仲間と接する機会が得られることです。クラスが40人いるとして、月1回程度の席替えでは、全員と隣になるのは物理的に不可能です。それが、週に1回となると、年間40回の席替えができます。多くの仲間と席を同じくする機会に恵まれるのです。

・穏やかでいつもにこやかな人
・怒りっぽいが正義感にあふれた人
・おとなしくても芯の強い人
・何しろ人と競うのが好きでいつも1番になりたがる人

社会に出ると、実に様々なタイプの人と接することになるでしょう。だとしたら、クラスの中でもそうした人々と接する事前練習が必要なのです。40人もいれば、だいたいのタイプの人が存在するでしょう。リーダーはそんな様々なタイプを皆尊重し、モチベーションを高めていく存在です。

「決まった子だけとがいい」では、力があっても伸びないでしょう。

ところで、毎週や週２回、また毎日の席替えを提案すると喜ぶ子がいる反面、抵抗感を示す子たちも常に一定数います。漠然と、変化が恐いようです。

「変化は楽しいんだよ」と日々メッセージを送っていくと、子どもたちはすぐに慣れていきます。ということは、子どもたちは経験がないだけであり、経験を奪っているのは変化を嫌う我々大人だということを肝に銘じなければならないでしょう。

（２）出席番号や背の順での整列はひかえる

　集会等で子どもたちが褒められている様子を目にします。

「自分たちでよく並んだねえ」

　瞬時に整列させるのは、さほど難しいことではありません。前２人、後ろ２人程度の顔を覚え、速やかに整列する練習をクラスで繰り返せばいいだけの話です。

「10秒で整列できたなんて、本当に凄いね」

　事あるごとに褒めれば、それが子どもたちのモチベーションになり、年間を通して上手に整列することは可能です。しかし、そうした指導が、次の学年でも生きるのでしょうか。新しいクラスが発表される始業式。

「ねえ。早く整列して、新しい先生をびっくりさせようぜ」

初めて出会う友だちと話し合い、背の順に並ぶことはできないでしょう。なぜなら、決まりきったメンバーで整列する練習しかしてこなかったからです。

「いや。ウチは背の順でも、出席番号順でも、何でも並ぶことができる」と反論する担任がいるかも知れません。そこに子どもたちの意志が反映されていれば別ですが、複数のパターンを練習しただけであれば結局は同じことです。

　整列とは、『きちんと列をつくって並ぶこと』です。では、何のために列をつくるかというと、列を作った方が効果的、効率的な場合がある

からです。つまり、整列もねらいによって、その並び方を変えるという必要性が出てきて当然です。

　外に校外学習に出かける場合、学年という多くのメンバーを確認しやすいように、背の順になることには必然性があります。しかし、特別教室に移動する場合はどうでしょう。先頭に立つ子を待つばかり、いつまでも整列できないのは効率的ではありません。教室移動（個人的には整列して移動する必要性は感じませんが）の際には、早いもの順で並ぶというのが現実的だと思います。

「身体測定は出席番号順に測るみたいだから、そう並ぼうよ」

「プールでは分かれて着替えるから、男女別に並ぶのがいいよね」

「転任した先生に会いに職員室に行くんだから、前のクラスに分かれて並ぼう」

　子どもたちが考える余地をたくさん用意しておくのです。そうすれば、知恵を出して話し合い、リーダーが育つ格好の場となることでしょう。

　同時に、列の数も考えるべきです。１列だと隅を歩けますが、長くなります。３列だと短くはなりますが、横に広がります。

「どんな場所に何列が合うのかも考えるように」

日頃からそうした指導をしておけば、考えて決断するという一連の流れが、日常的になることでしょう。

　低学年の子たちを近くの公園に連れて行ったとき、みんなでこんな指示を出し合っていました。

「ねえ。この信号はすぐ変わるから、４列になって、もっと前に詰めようよ」

「ここは道が狭いから、１列になろう。でも、間を開けないように注意してね」

「もう広場についたから、好きに広がって歩いていいよ」

担任が口をはさむ必要がなかったのです。たかが列の問題ですが、ちょっとした意識をするだけでリーダーというのは育ってくるものです。

（3）ときに生活班で食べない

　給食の時間と言えば、生活班で食べるのが定番でしょう。一人で食べるより複数で食べ方が楽しいでしょうし、仲間の食べ方を見ていて学ぶこともあるはずです。好きな物から食べる子もいれば、嫌いな物を先に急いで食べる子もいます。食事一つとっても千差万別なので、私も複数で食べることを奨励します。

　私がときに生活班で給食を食べないことを提起したのには、卒業生から投げかけられた一つの問いがあったからです。

「先生。私のクラスにトイレで弁当を食べている子がいるんです。何とかみんなと一緒に食べるように誘うんですけど、いつも個室にこもって…。一部ではあっても、みんなから無視されているわけではないのに、弁当の時間になるとどうもハードルが高いみたいで…。どうしたらいいと思いますか？」

高校生の彼女は心底その子を思いやり、悩みを打ち明けてきました。しかし、気の利いたアドバイスをできませんでした。

　食事の時間というのは、ある種、人間の欲求が剥き出しになる瞬間です。食べたいという本能に従って行動するため、より無防備になるのです。深刻なイジメまではないそうですが、教室の真ん中で食べている高校生の子たちにしてみると、

「授業なら、まだ我慢して誰とでも話し合うようにはしてるけど、弁当の時間まで気を使うというのはイヤなんだけど」

というのが本音なのでしょう。

　私はその根底に、無理な生活班重視の歴史があると感じています。班というのは切磋琢磨するはずの集団ですが、

「ねえ、先生。田中君が今日も残してる」

好き嫌いを指摘する仲間が出るように、ストレスが溜まる場でもあるのです。しかし、班という仲間から外れて給食を食べる選択肢はありません。自然と、誰と食べるのは楽しくて、誰々とは食べたくないという意

識が働きます。子どもたちは実感していませんが、指摘すると、
「確かに、そうかも」と妙に納得していました。

　そこで提案です。たまには班での食事を止め、「近くの人と食べてごらん」と給食を食べる相手を好きに選ぶように言うのです。
「それでは、決まった子ばかりと食べるようになりませんか？」
　他の担任から異論が出そうですが、席替えを頻繁に行っていれば、大の仲良しはときに遠くにいるものです。ここでの肝は、近くの子が一緒という条件です。そうすると、最もいっしょに食べたい子、どちらでもいい子、ちょっと苦手な子との会食を、自分から選択することになるのです。この選択権こそ、将来誰かを“便所メシ”にさせない一つの手立てです。人間は、自分から選んだ結果には、あまり不満を持ちにくいからです。
「だって、先生が決めた班だから…」
誰かのせいにできれば、いつまでもそうなってしまいます。
　自由な会食は、リーダーが活躍する場ともなります。なぜなら、一人になってしまいそうな子、いつも同じメンバーでしか食べられない子に対して、声掛けができるからです。
「たまには、僕たちのところにおいでよ」
担任とは異なり、子ども同士の声掛けは実に上手です。自由な場には、子どもたちの意志がより反映されやすいことを考えると、給食という毎日の場も決して侮れない機会なのではないでしょうか。

（4）ときには班で話し合わない

　班会議というと、もちろん班員が集まって話し合います。少人数での話し合いの方が効果的だということは、クラスの中に数多くあるでしょう。ただ、全て少人数での話し合いは既存の班だとするのは、必然性が足りないように感じられます。もっと構成メンバーに自由度があってもよいと考えるのです。

例えば、名札着用の賛否を話し合う会議。班員全員が名札は不要だという考えなら、それ以上、班で話し合う必要はありません。
「では、賛成の子と反対の子は手を挙げて。じゃあ、そことそこで話し合おう」
教師が賛否両論の意見を持つ子たちを組み合わせてもよいのですが、それでは教師の段取りがないと物事が進まない集団となってしまいます。
「名札の是非について、みんなで話し合ってみなさい」
という指示をしただけで、子どもたちが必要なグループを組めるような体制にした方が、汎用性が高いでしょう。
　以前、ある同僚の研究授業を見に行って驚いたことがあります。国語の時間でした。担任が、「兵十とごん。どちらが中心人物だと思いますか?」と問いを発し、子どもたちがしばらく考えたかと思うと、ある子が立ってみんなに呼び掛けたのです。
「僕は兵十だと思うんだけど、誰か議論してくれませんか?」
他の席で立った子がいたので、近づいていくと、
「違う。私も兵十だから、一緒にごんだっていう子を探そう」
共に議論すべき反対の立場をとる相手を探し、やがて4人で話し合いを始めたのです。気づくと、同じような光景が教室の至るところで見られるようになっていました。即席で作ったグループの話し合いが終わると、
「誰か2回目の話し合いをやってくれませんか?」
再び相手を募集しているのです。それが数人ではなく、クラスの全員がそうしているのです。こうした土壌があれば、リーダーはどんどん出てくるだろうと感じました。話し合いという活動が、担任の音頭のもとで進むのではなく、完全に子どもたちのものになっていたからです。
　生活班は全てに対応したものではありません。給食、清掃、話し合いなど、活動ごとにメンバーは変わるべきだろうし、話し合い一つとっても、内容によってはやはりメンバーを変えたり、流動的に組みかえたりしていくべきです。なのに、何でもかんでも、「班で話し合いなさい」

では、そこに意思も意志も存在しないでしょう。リーダーを育てるためには、主体的に関わらなければ成立しない環境を整えるべきです。議論を深めるために、自分と異なる発想を持った友だちとどんどん接する機会を作るべきです。

3 一見無駄なものを用意する

　本田宗一郎は言っています。

『長い目で見れば人生にはムダがない』

この"長い目"という言葉がキーワードです。世の中は短期達成を求め、スピードを求めています。確かに、すぐさま売り上げを達成できなければ、会社の屋台骨が傾くということもあるでしょう。

「まあ、はじめの１年はたくさん挑戦し、たくさん失敗しなさい」

悠長なことを言っているような余裕はないはずです。しかし、その原理を教育現場にそのまま当てはめてはいけません。一朝一夕で生きる力が身につくほど、教育には即効性がないのです。実は教師ですら、何が必要で、何が無駄なのか、意外に分かっていないとも言えるのではないでしょうか。

　単に勉強することは必要で、遊ぶことは無駄でしょうか。子どもの発達を考えると、遊ぶという行為は心身ともに自由にさせる働きがあります。では、ビデオで編集された著名人の映像が効果的で、担任の話は無駄でしょうか。

「学生に講義するのに、一つは映像で、一つはじかに話をするという方法をとりました。両方とも、内容は全く同じです。結果は、映像よりもじかに話をした方が、はるかに定着率が高かったのです。空気の振動というのが大切なんですね」

齋藤孝先生が講演会で話していた内容です。

　とすると、我々担任が今まで無駄だと思っていたようなことでも、長

い目で見ると実はとても大切だというものがあるかも知れません。学力という点から見ると短期的な視点に走りがちですが、リーダー育成に関しては誰もが長い目でのムダを容認できるのではないでしょうか。

（1）遊び道具をたくさん置いておく

　子どもたちは何もない中で遊ぶことも大切ですが、遊び道具を置いておくことも決して無駄ではありません。例えば、クラスの中に野球ボールサイズのゴムボールを数個置いておくとします。外に出る時間のない５分休み程度だったら、教室内でそのボールを使って遊ぶでしょう。

　ただし、ボールを使った結果、教室の物を壊してはいけません。ほうきをバット代わりにして打ったのでは、席についている子に当たり、痛い思いをしてしまいます。誰かを傷つけることもダメです。
「こうした約束が守れるなら、遊んでもいいよ」
そんな条件を出されたらどうするでしょうか。物を壊さない、誰も傷つけない、５分間で手っ取り早く遊ぶ、しかも楽しい。これらの条件の中から、最も盛り上がる遊びを考え出すのではないでしょうか。

　案外自分たちで遊びを考えたり、遊び道具を作ったりするのは楽しいものだと学んだ子どもたちは、やがて新聞紙でバットとグローブを作ると、校庭で野球を始めました。木やプラスチックのバットではケガ人を出す心配がありますが、紙製では問題ありません。あまりに楽しかったのか、しばらく紙製道具の野球を楽しんでいました。遊びを通して、道具を作ったり、紙とはいえ誰かに当たってケガしない方法を考えたり、特別なルールを作ったりと、自分から遊びに関わっていきました。つまり、遊びを通してリーダーが生まれていったのです。遊びでリーダーシップを発揮した子は、普段の生活でも大きく変わっていきました。

　その他にも、例えば、プラスチックでできた小さなボーリングセットを置いておきました。ただ、ボーリングで遊べるのは、投げている一人だけです。すると、ボーリングのピンをロッカーの上やストーブの上に

並べるだけでなく、ランドセルや筆箱など、様々な障害物を置き始めたのです。ゆっくりと投げたボールが止まらずにゴールまで届くかどうか、競い合うゲームをしていました。すると、みんなでコースを作り上げるという楽しみがあります。ジャンケンで勝ち、ボールを投げる権利を勝ち取った子だけが喜々とするのではなく、見ている方も大盛り上がりでした。

「遊び道具を置いておくと、落ち着きがなくなりませんか？」

質問を受けましたが、結果はその反対です。自分たちで主体的に遊ぶことにより、小さなグループならまとめられるというリーダーが多数登場しました。思い切って遊んだ後は授業に集中するといった切り替えもできていました。

　ただ、遊び道具を置くといっても、一つ条件があります。カードゲームやスゴロクといった、ルールが明確なものでは効果がありません。子どもたちがゼロから考えたくなるような物がよいでしょう。ボーリングセットはどうかと思いましたが、立てたり横にしたり、いろいろな使い方ができる分、効果があったのです。百円ショップに行けば、楽しそうな遊び道具がたくさんあります。その中で、

「これなら、遊び方を考えるんじゃないか…」

あれこれ考えを巡らせながら買い物をするのも、今では大切な担任の楽しみの一つとなっています。

（2）スクール・オン・ザ・ムーブ

　フィンランドでは、"スクール・オン・ザ・ムーブ（動く学校）"というプロジェクトが政府により推進されています。2019年1月21日付け読売新聞の朝刊で『座らず勉強　脳刺激』というタイトルを見たときは、度肝を抜かれました。記事の中では、例えばこのように書かれています。『18人の児童の大半が色とりどりのバランスボールに乗り、机に向かう。ドリルの問題を一つ解いたら、教室の後方に移動してカードを引き、書

かれた指示通りの動きをする。ゲーム感覚の授業だが、どの子もいたって真剣で騒ぐこともない。「こまめに体を動かすことで、集中力や学習意欲が高まる。バランスボールに乗っていると体幹の筋肉も鍛えられるよ」と担任のイェッセ・サーリネン教諭は満足そうだ』

記事を読んでも、半信半疑以下でした。

「何を言っているんだ。落ち着かなくなるに決まってるだろ」

心の中でそう思いながらも、一度くらいやってから文句を言おうと決めました。実際にやってみると、落ち着かなくなるどころか、授業に対する集中力は格段に上がったのです。子どもに感想を求めると、

「体を動かすことで、一区切りついて、また頑張ろうと思う」

肯定的な反応ばかりでした。私もバランスボールを使ったり、答え合わせの前に縄跳びを跳ばせたり、友だちとジャンケンをさせたりしましたが、いつもより授業が進んだのにも驚きました。

　スクール・オン・ザ・ムーブには、もう一つ思わぬ副産物もついてきました。

「先生。手でジャンケンをしてもつまらないから、全身を使ったジャンケンにした方がいいんじゃないの。ほら、グーだったらジャンプした後、両足を閉じて降りるの」と私に提案してきた子は、どちらかと言うと、自分から進んで提案するようなタイプではありませんでした。それが、喜々として話しかけてきたのです。授業が終わると、彼にすぐさま提案に至った理由を聞いてみました。

「何か、体を動かしていたら、自然に心の調子も良くなってきて…。気が付いたら、先生に言ってた」

これまた驚くべき回答でした。おそらく、これが一つのきっかけになったと思います。彼はその日を境に活発になり、数人どころかもっと多い人数でもまとめられるリーダーへと変貌を遂げたのです。

　新聞で紹介されなければ、「体を動かしながら勉強だって? とんでもない」と間違いなく一蹴していたでしょう。でも、確かに手ごたえがあ

ったのです。今でも、フィンランド通りではありませんが、形を変えて実践しています。無駄な物とは、一体何でしょうか。私はもう一度自問する機会を得ました。そこで出た結論は、試しても何の効果もないものという答えです。これからも、「もしかしたら…」という観点から、リーダー育成の手立てを探っていくべきだと感じた瞬間でもありました。

（3）複数の楽器を置く

　私が担任するクラスの教室には、オルガンが一台置かれています。全く弾けない子がふざけて鍵盤をたたくことはあっても、すぐ止めてしまいます。誰にでも扱える楽器ではなく、ピアノをはじめとしたキーボードを習っている子が触れる権利を持っていると言っても過言ではないでしょう。両手を器用に使わなければならない、極めて高度な楽器だからです。

　教室に遊び道具を置いておく感覚と同じように、複数の楽器を置いておいたらどうでしょうか。もちろん、カスタネット、太鼓、卓上木琴など誰にでも簡単に扱えるものです。子どもたちは、自分で鍵盤ハーモニカやリコーダーを持っています。それらの楽器を使ってアンサンブルを始めるのではないでしょうか。教室でのボール遊びは多少リスクがありますが、楽器ならケガの心配もありません。

　アンサンブルにはリーダーも不可欠です。複数の楽器があれば、最初は好き勝手に音を鳴らす子が何人も出てくるでしょう。しかし、いくら楽器がたくさんあっても、それぞれが勝手に音を出していては、ただの雑音です。やがては、「みんなで揃えよう」という子が出てくるはずです。リーダー誕生のチャンスです。太鼓をたたいている元気な男子かもしれませんし、ピアノを習っているおとなしい女子かもしれません。その子であれば、自分が得意なものを通して仲間に働きかけるという機会を得たわけです。

　自分自身を表現したくても、なかなか思い切れない子がいるものです。

1歩踏み出せれば、2歩3歩と続くものですが、第1ハードルがとてつもなく高く感じられるのでしょう。遊び道具や楽器は、そうした手助けにもなります。元気に遊ぶのが苦手でも、音楽なら得意だという子もいます。教室には、自分からやってみようと思わせる仕掛けがたくさんあった方が、楽しいのではないでしょうか。

（4）家庭からの持ち込みも認める

　教室に幾つもの遊び道具を置き、複数の楽器も置いていたことがあります。そうすると、子どもたちは必ず聞いてきます。
「先生。自分の家からも持って来ていい？」
「何を持ってきたいの？」
　何も聞かず駄目だと言うのではなく、問い返します。
「ゲームを持って来たい」「楽器を持って来たい」「虫かごを持って来たい」「ビー玉はダメ？」と子どもたちは、口々に要望してきます。
「そんなことをしていたら、子どもたちが自分勝手になるんじゃないですか。認めたら収拾がつかなくなり、駄目だと言ったらその後も面倒です」と他の担任から、そんな声が聞こえてきそうです。
　そもそも、子どもたちを自分勝手にさせないという発想は、どこから来るのでしょうか。授業の邪魔にならない、学校生活に必要なものであるといった、ある種学校側の都合が多いように感じられます。フィンランドでバランスボールを使って授業をした結果、子どもたちが落ち着きを失ったという報告を聞いていません。不要物としているものの、子どもたちの成長に必要なものはいくらでもあると思うのです。
「では、ゲームもいいと思うんですか？」という疑問が出てくるでしょう。ゲームがいいとは思いません。家で一人でもできるからです。わざわざ学校に持ってくる必要はないでしょう。
　なぜ、持って来たいものを子どもたちに聞くかというと、何が必要で、何が不必要なのか、子どもたちに考えさせる機会を与えたいからです。

楽器を持って来たいと言っていた子に聞いてみると、実は何万もするバイオリンでした。習った成果を友だちの前でも発表したいという気持ちは、とてもよく理解できます。

「そんなの、高すぎてダメでしょ」と私からそう言うのではなく、子どもに是非を考えさせることで、高価なものの扱いを教える機会になりました。虫かごが禁止という学校は少ないでしょうが、

「でも、面倒見ないで生き物を死なせたらダメだよ」という友だちの意見で、飼育するための心構えを再確認できたのです。ビー玉を持ってきたからといって、自分勝手になるはずがありません。何人もの友だちと、ルールを工夫しながら遊ぶこともできます。

　担任は許可する側、子どもたちは許可を受ける側という構図だけでは、意味も考えずに何でも鵜呑みにする人間を育てることになってしまいます。日本の教育は、どうもこうしたスタイルが多いように感じます。以前も、学校の持ち物を児童会に考えさせてはどうかと提案したところ、

「それでは、子どもがわがままになるじゃないですか」

管理職に猛反対されたことがあります。

「学校の決まりは、学校が考えるべきです。学校なんですから…」

これでは、学校は管理職や教師のものという前提になってしまいます。リーダーを育てることとは、自分の意思や意志で動く子を育てることです。"家庭からの持ち込みも認める"という提案は、そうした機会を作っていくという姿勢なのです。学校は学校だけで小さくまとまらず、社会と一体化しているという意識をもっと持つべきでしょう。

第3章

リーダーが育つ
ための
視点を持つ

1 学級以外の友だちと交流する機会を設定する

　学級には社会に出て出会う様々な人材がいると書きましたが、それでも学級だけというのではあまりに閉鎖的です。学年や学校全体に目を向ければ、学級には存在しないタイプの人材がいる可能性があります。

　学級だけにとらわれないという意識は、広い目を持つようにというメッセージにもなります。社会に出たとき、

「この部署だけを盛り上げていきましょう」

周りの変化や成長を見ず、自己満足だけで仕事を進めていると、気づいたら後れを取っているという懸念もあります。社会に出たとき、自然に広く物事が見られる眼が持てるようにするため、小学校から小さな枠にこだわらない姿勢が不可欠なのです。

　加えて、学級ではうまくいっても、他の学級や学年が関わるとうまくいかないといったケースも考えられます。もしかしたら、その子がうまくいっていると感じたのは幻想で、その学級だけで通じる文化や習慣が身についていただけなのかもしれません。リーダーにとって、うまくいかないという試練は不可欠です。

「もっと、こうしよう」

工夫が生まれるからです。意識改革の必要性に気づく可能性もあります。ダーウィンは言っています。

『最も強い者が生き残るのではなく、最も賢い者が生き延びるでもない。唯一生き残るのは、変化できる者である』

　今後、さらなるグローバルな社会が到来するでしょう。未曽有の事態に遭遇することは必至で、職場に日本人がいないという環境で働くことが普通になるでしょう。だからこそ、「はじめから学級という枠に縮こまるな！」

と言いたいのです。

（1）九九のチェックは中高学年に

　2年生で九九を学びます。どれだけ覚えたのか、クラスの友だちや保護者にチェックしてもらうのが一般的でしょう。私はある学校で、九九のチェックを中高学年の子がしているというのを聞き、同じように試してみました。
「九九はみんな覚えましたか？」
「はーい」
「それなら、次は全部きちんと覚えたのか最終チェックしてもらうため、中学年や高学年の子に確認してもらいましょう」
　私から提案すると、教室の中は大騒ぎになりました。歓声を上げている子もいれば、不安で顔を強張らせている子もいます。私はもう一つ付け足しました。
「兄弟や姉妹、登校班で一緒に来る子、家の近くで遊ぶ子など、知っている子はダメです。名前を知らない子にしてください。まずは、名前を聞くところから始めて、次に何でこんなことをしているのか説明し、最後に九九を確認してもらうのです」
　一瞬静まり返った後、再び教室は騒然としました。
　さて、休み時間になり、子どもたちが九九チェックに出かけて行きました。真っ先に教室を出ていく子がいれば、教室でもう一度九九を練習している子もいます。
「先生。5年生の知らない子にチェックしてもらった」
　息を切らせて帰って来た子が、私に報告します。ただ、3年生以上の学年各2人ずつのチェックなので、合計8人のチェックが必要になります。
「あれっ、あと7人は？」
「そうだった」
　息つく暇もなく、また慌てて教室を飛び出していきます。その頃になると、もう一度練習していた慎重な子も、教室を出て行きました。
　早い子は1日で、時間がかかった子でも2日でチェックが終了しまし

た。全員が終わったところで、みんなに感想を求めました。
「はじめはドキドキしたけど、途中から楽しくなってきた」
「遊ぶのも楽しいけど、こういうのも楽しい」
「お友だちができて嬉しかった」
はじめは緊張したかも知れませんが、やってみると案外できないことは
ないということを学んだのです。1階の教室から3階まで上がったり、
知らない子に声をかけたりすることに、抵抗感はあったようです。でも、
やってみると、何てことはない。むしろ楽しい。一つ、学級という枠を
飛び出たのです。その後、過去の遠足の様子を聞きに行かせたり、生活
科で作ったプレゼントをあげたりと、いろいろしました。やがては、
「高学年の子が言うことを聞いてくれなかったから、もう一度注意して
くる」
おとなしかった子が、単身乗り込んで行ったほどです。
　外を経験すれば、学級内のことは勝手知ったるものです。
「自分とは違う意見の子と話し合って」
今までなら、これだけでも高いハードルだったのに、安々と越えられる
ようになりました。その中の一人を見ると、いつも活躍しているのに進
んで話し合いのグループを組もうとしません。理由を聞いてみると、
「せっかく自信をつけて頑張っている子がいるから、今日は目立たない
ようにしようかと思って…」
クラスのリーダーではありましたが、ここまでの発想は持っていません
でした。枠を広げたことが、この子にさらなる余裕を与えたのだと感じ
ました。

（2）絵の出来栄えは低学年に

　高学年の子が、低学年の子に学習の到達度をチェックしてもらうこと
は、なかなか見つけられないでしょう。しかし、図工の絵についての感
想を聞くことはできます。絵の良し悪しは、小さな子でも語れるでしょ

う。
「図工の時間に絵を描いてみたんだけど、どう思う？」
感想を求めれば、何らかの反応は返ってくるはずです。高学年の子にとっても、ドキドキする体験となるでしょう。
「何か、この絵、変！」
などと言われれば、ドキッとするはずです。
　登校班で一緒に学校に行ったり、教室に行って掃除を手伝ったりと、高学年は低学年の面倒を見ている側です。それが一転して、評価を受ける立場になるのです。
「葉っぱの描き方を考えて、もっとふわっとさせた方がいい」
具体的な指摘を受ければ、なおさら心に響きます。
「まるで写真みたい」
反対にそう言われると、心から安堵するに違いありません。
　同級生だと、良くも悪くも辛辣な感想を控えるものです。絵が下手な友だちに、
「下手だね」
駄目押しする子は少ないはずです。それが、低学年が相手だと、批評に容赦はありません。思ったままを伝える子は、少なくないでしょう。そこに学びがあるのではないかと考えるのです。
　リーダーとしてみんなを引っ張る過程では、多くの失敗があるでしょう。少しでもミスするたびに落ち込んでいては、リーダーなど務まりません。低学年の子を使って、厳しい評価を受けるという経験は、決して無駄にならないはずです。また、よく言葉を選んで発信しないと伝わらない相手とのコミュニケーションは、相手の側に立つという気配りをも学ぶ機会となります。相手が小さな子では、
「分からなければ、いいよ」
では済みません。粘り強く接する必要があります。これらはリーダーに不可欠な資質と言えるでしょう。

図工の絵を例示しましたが、鉄棒の技を見てもらうのでもよいし、練習したリコーダーの曲を聴いてもらうのでもよいのです。要は、高学年は高学年だけでまとまろうとする枠を取り払えば成功です。意図しないにしても、自分たちだけでまとまっていると、中学校に進学したとき、また小さく縮こまるというところからスタートするでしょう。リーダーには広い世界で活躍してほしいものです。

（3）誰でも教室の出入り自由

　オープンスペースの学校も多数誕生していますが、現在でも主流なのが、クラスごとに完全に壁で仕切られているというスタイルです。冷暖房の効率などを考えると、こちらの方が良いという考え方もできます。もっとも、教室という物理的な壁はあっても、子どもたちの人間関係に壁があってはいけません。クラスが替わった途端、友だちでなくなるなど、もったいない話です。

　今まで、誰でも教室の出入りを自由にすべきではないか、事あるごとに会議で発言してきました。しかし、その意見は一度しか通っていません。

「自由に他の教室に入ってもいいとして、もし物がなくなったらどうするんですか？」

だいたい反対理由はこの一点につきます。

「他のクラスに入って人間関係を広げることと、物がなくなることは別問題です。盗難を恐れるのであれば、集金も子どもに持たせないということになりませんか？」

力説しますが、無用なトラブルは避けたいという気持ちが働くようです。私も現場にいるのでトラブルがないにこしたことはありませんが、トラブルはときに根本的な問題を気づかせるきっかけにもなります。教室への自由な出入りをさせたくない根本的な理由は、実は学級という枠で子どもを管理したいのではないかと感じています。

学校全体には内緒でしたが、実は学年単位では何度となくクラスの出入りを自由にしてきました。

「なぜ誰でも他のクラスに入っていいようにするかというと、友だちはクラスだけでなく学年全体にいるはずだからです。自分のクラス以外の友だちに、何か相談したいこともあるでしょう。学年全体に関係することを決めたいときは、廊下で話をするより、机がある教室の方がいいでしょう。ぜひ、うまくやってください」

　懸念された盗難は、1件もありませんでした。それよりも、学年の輪が広がり、それがまた学級の輪を強固にするといった好循環が見られたのです。

　また、一番の肝は、

「学年全体のことを決める際は、どこかのクラスを使ってください」

というメッセージです。例えば、学年に2クラスあるとしましょう。片方だけのクラスよりも、双方のリーダーが集まった方が、メンバーは倍増します。リーダーが増えることにより、

「もっと頑張らなくっちゃ」

互いに刺激を与えることにつながったのです。もう一つは、周りの子どもたちの視線です。学年行事や問題の解決などを真剣に話し合う姿は、とてもカッコよく映ったようです。

「私もリーダーやってみたい」

自ら主張する子が飛躍的に増えました。もちろん、話し合いはクラスを交互に使うようにだけは言っておきました。

　自由に出入りしていると、隣のクラスの子の問題点も目につきますが、リーダー性がある子を隣の担任が発見するといった利点もあります。問題点はそっと伝えるようにしますが、善い行いについては、敢えて隣の担任のところに行って大っぴらに褒めるようにしました。褒められた子は、得意満面です。

「あれから、あの子、進んでやることに目覚めたようで…」

嬉しい報告が何度もありました。

　学校という組織は、

「やってはいけません」

という規則を前面に出す傾向があります。子どもたちを管理しやすいからです。しかし、"いけません"ばかりでは、リーダーは育ちません。進んでやろうという子が、いなくなってしまうからです。クラスを統率しようと躍起になるクラスに限ってリーダーが出てこないのは、そうした理由からです。

「やってみればいいじゃないか」

子どもたちの失敗は、教師がフォローできる程度の可愛いものです。押さえつける指導一辺倒では、もはや駄目なのです。

（4）全校スタンプラリー

　スタンプラリーとは、一定のテーマの中でスタンプを集める企画を指します。先日、児童会の本部役員の子たちが全校に呼び掛け、参加したい子を募っていました。校舎内外の至るところに問題を出す机が置かれていて、そこで出された問題に正解したらスタンプを押してもらえるという仕組みです。全部の欄にスタンプが押されたら、プレゼントも貰えるという特典付きでした。大半の子が参加していたので、企画した子どもたちも達成感があったことでしょう。

　さて、このスタンプラリーですが、価値があると思ったのは企画から実行まで、全て子どもたちが考えていたことです。担当教師に聞くと、

「学校を盛り上げたいということで、子どもたちが自主的に考えた」

ということでした。教師が投げかけたわけではなく、発案から子どもたちによるものだったというのです。ここで大切なのは、自分たちで企画し、やり切ったというリーダーとしての土台をなすものの正体です。

　中心になった5年生の子たちは、3年生のときまで、自主性とは程遠い存在でした。4年生で担任になった若手教師が、2年間かけて指導し

てきた賜物です。まず、彼女は4年生で子どもたちを受け持った際、自分たちだけで楽しむものではなく、下の子の面倒も見るように促しました。もっとも、

「自分から面倒を見なさい」

いくら声掛けしても、方法が分からず経験もないのでは、何をどうやってよいのか分かりません。そこで、1つ下の3年生を巻き込み、子どもたちにゼロから遠足を企画、運営させることにしたのです。初めてのことなので子どもたちは大変だったと思いますが、遠足という誰もが楽しい題材のおかげで、和気あいあいと進めることができました。とはいっても、影では教師が相当フォローしていたのです。

　続いて任せたのは、冬の12月に運動会を実施するという行事です。子どもたちに多くを任せるスタンスを取っていたので、

「何か体を動かす行事を企画、運営してみたい」

ということで、急遽行うことになりました。春の運動会は、大部分が教師の手によるものです。

「本番は、先生は見ているだけでいいから。審判も道具の準備もスタートも、全部自分たちでやるから…」

ということで、やはり3年生を巻き込み、自分たちの手による運動会を実現させたのです。保護者にも公開したため、

「寒かったら、どうしよう？」

こちらはヤキモキしましたが、奇跡的に暖かい日となりました。

　3学期に行う"2分の1成人式"に至っては、もはや教師が何かアドバイスする必要などなかったようです。体育館を貸してもらえるように他学年の担任に交渉し、招待する保護者席の配置も考え、もちろんプログラムも全て子どもたちで検討しました。

　このような歴史があっての全校スタンプラリーだったのです。リーダー育成は、本当に一朝一夕でなるものではありません。短いスパンで考えることも必要ですが、

「おそらく、１年後にはこうなるだろう」

長いスパンの見通しも必要です。

「今すぐ社会に出ても、使えるかもしれません」

担当した若手教師の弁です。確かに、所狭しと学校中を駆け回る子どもたちをみていると、あながち誇張でないという気がしました。

（5）交流給食や交流清掃

　まずは、同学年と交流するところから始めたらよいと思います。給食の食べ方、お替りのルール、食べ終わってからの行動など、クラスによって違いがあるでしょう。掃除の仕方についても、ゴミの集め方から机の運び方まで、やはり違いがあると思います。そうやって、違いを知ることで、もう一度、自分たちの身の回りを見つめなおすきっかけとなることが期待できるのです。出てきた課題は、学級会に提案して話し合うことで、より良い生活につながるでしょう。交流活動という楽しさそのものに意味があるのではなく、課題意識を育むという点で価値ある取り組みでしょう。

　さらにリーダーを育成するためには、異学年との交流も必要です。自分より下の子と給食を食べたり掃除をしたりしたとします。こうした方がよいという改善点に気づいたら、子どもたちは何とか解決しようとするのではないでしょうか。

「もっと、ゴミを集めてから塵取りに入れた方がいいよ」

その場でアドバイスすることもあり得ますが、一度教室に持ち帰る課題も出るはずです。例えば、人数の割り振りに対して疑問に感じた部分があっても、その場で言ったら収拾がつかなくなるからです。

「先生。どうしようか？」

改善方法を考えたとき、そのクラスの担任に伝える必要があるという結論になれば、どう伝えるべきかを考える勉強になります。

　上の学年と交流するのも、同様に必要です。上級生からは、学ぶべき

点が多くあるはずだからです。良い方法があれば、自分のクラスに持ち帰り、

「掃除分担を決めないって方法を取ってるんだけど…」

仲間に伝えればよいのです。自分のクラスに向いていて、なおかつ有効な方法であれば、導入すべきか検討することも可能です。反対に、自分のクラスの良いところに気づく機会にもなるでしょう。

「ウチでは、食べ終わった順にお替りをしているけど、６年生はジャンケンで順番を決めてた。そこは公平でいいと思うけど、時間を取られて給食が残ったのはよくないと思う。ウチのやり方は間違っていないと思った。だって、大切なのは、食べ物をムダにしないということだから…」

　リーダーを育てる秘訣の一つは、適度な刺激を与えることです。元々リーダー性がある子は、刺激がきっかけとなるものです。もっとも、リーダー性があるからといって、リーダーであるとは限りません。リーダーには、見通しも寛容さも、ときに厳しさも必要です。担任は、子どもたちにいつどんな刺激が必要かを考え、タイミングを見て与えていくのです。交流活動は絶好の機会ですが、ねらいによって上級生か下級生か、または同級生なのか、よく吟味していくことです。

2 自分からの行動は決して注意しない

　トーマス・エジソンは失敗に対する考え方が常人とは違います。

『失敗ではない。うまくいかない１万通りの方法を発見したのだ』

個人的なことですが、この言葉に何度励まされたか分かりません。失敗がなければ、何が最適なのか評価できないでしょう。

　しかし、学校では失敗に対して臆病な傾向があります。

『失敗もせず問題を解決した人と、十回失敗した人の時間が同じなら、十回失敗した人をとる。同じ時間なら、失敗した方が苦しんでいる。そ

れが知らずして根性になり、人生の飛躍の土台になる』
なかなか本田宗一郎のようにはいきません。

　過去のどんな発明家も、失敗をバネに成功を収めています。失敗しない唯一の方法は、何もしないことです。しかし、何もしなければ、何も始まりません。リーダーでも、同じことが言えます。失敗を通して、
「こういうやり方はダメなんだ」
自ら学ぶことになるのです。まだ、判断力が十分に身についていない小学生なら、なおさらでしょう。自分から行動することとは、失敗を重ねることに他なりません。失敗が多いことは、つまりそれだけ多くチャレンジしたことの証です。たとえ判断がずれていても、自分で正しいと思って行動したことについては、決して注意しないという姿勢が必要だと感じます。

（1）他学年の清掃応援

　これは中学年の例です。清掃中に巡回していると、廊下にいるはずの子どもたちが半分見当たりません。
「あれっ、どこに行ったの？」
残った子に聞いてみると、1年生のところに出かけているということです。理由は分からないと言っていました。慌てて1年生の教室に向かうと、いなくなったメンバーが途中の階段を掃除しているのです。
「何やってるの？」
聞いてみると、給食の食缶を返しに行く途中に落としてしまったので、一緒に片づけていたところ、階段が汚れていることに気づき、雑巾で拭いていたというのです。階段下の廊下は1年生の担当ですが、階段は5年生の掃除場所です。
　本来であれば、
「自分たちでよく気づいてやったね。でも、あそこは5年生の掃除場所だから、余計なことまでしないようにね」

褒めると共に注意もすべきでしょう。しかし、敢えて褒めただけで、注意はしませんでした。注意していたら、余計なことをやったという記憶が残る恐れがあったからです。自分の掃除場所をあけたことなど、大したことではありません。

「大変そうだから、手伝うんだ」

大切なのは、子どもたちの行動に自らの意志があったことです。

　もう一つ褒められるべきは、決められた場所以外の掃除をしていることを注意されるリスクを顧みなかったことです。担任である私に注意される可能性があったばかりでなく、他学年の担任に怒られるリスクもあったはずです。

「注意される心配はなかったの？」

後で聞いてみると、

「そこまで考えなかった。ただ、あんまり汚いから自然とやっていた」

という答えでした。たかが掃除ですが、失敗を恐れず取り組む姿勢は、他でも必ず発揮されるはずです。仮に失敗したとしても、それが知らずして根性になり、人生の飛躍の土台になるのです。やはり、何にでも挑戦させるべきです。そのためには、自分からの行動については、よほどでない限り注意しないというスタンスが不可欠だと感じました。

（2）廊下は走ってもよい

　通常であれば、廊下は右側を歩こうとなっています。わざわざ、"学校の決まり"で明記してあるところもあるのではないでしょうか。確かに、廊下は歩いたほうが安全ですが、ときに走ることが必要な場合もあるでしょう。

　例えば、教室で誰かが大ケガした場合。ゆっくりと廊下の右側を歩き、職員室に向かう方が不自然です。

「あっ、あのー」

　悠長に声を掛ける子がいたら、そちらの方が心配です。以前、廊下歩

行に関するトラブルが起きたことがあります。その子は、体育館のカギを急いで返さなければ次のクラスが困ると思い、廊下を小走りして職員室のカギ置き場に向かいました。それを他の担任に注意されたらしいのです。

「どうして、走ったんだ？」

「だって、早くカギを返さないと困ると思って…」

「だからといって、走っていいわけがないだろう」

「…」

「君は、走ったことを反省していないのか？」

「…」

「馬鹿にしているのか？」

といった調子のやりとりです。確かに、注意した担任は正しいと言えます。しかし、学校という教育の場では、正しい主張が子どもを伸ばすかというと、そうとも言い切れないのです。私は注意した担任も正しいし、相手のことを考えて走るという行為も善いことだと思いました。正しいことと良いことがぶつかることは、学校生活ではよくあります。ただ、学校では、極力善いことを優先させたいと思います。そこには、自分からやろうという子どもの意志が反映されている場合が多いからです。

　先述しましたが、灰谷健次郎氏の小説『きみはダックス先生がきらいか』の中で、担任から学級委員の子に向けた言葉の中に、こんな台詞があります。

『あなたひとりとか、二、三人で歩いているときは、ろうかの右側を歩こうが左側を歩こうが、そんなことはどっちでもいいのです。たくさんの人間が歩くときは右側通行をまもったほうがいい。つまり、ろうか一つ歩くにしても、そのときのようすを判断して歩くのが人間なのです』

　その子にしてみると、廊下を走るという行為は、必要だと判断した結果だと考えると、やはり自分からの行動はあたたかく見守ってあげたいと感じます。

一度廊下を走った子は、次も安易に走るのでしょうか。理由があって走ったのだから、反対に理由がなければ絶対に走らないということになるでしょう。その子に対する評価は、リーダーだと言う教師がいれば、勝手に判断する自己中心的な子だと評する教師もいました。普段の生活でもそうしたところがあるのでしょう。しかし、よく考えると、実に頼もしい子ではありませんか。最後にたった一人でカギを閉め、誰に相談したわけでなく、必要だと判断して廊下を走ったわけですから。

　自分の意志を持つという点では、リーダーと自分勝手な行動をする子は紙一重かも知れません。それでも、

「その判断、悪くないね」

くらい言ってあげれば、リーダーの側に転ぶ可能性が高くなるのです。我々担任は、どちらにも転びそうな子を、リーダー側に転がす力量が求められています。

（3）自習のプリントをやらなかったとしても

　4年生の担任をしたときのことです。朝の時間に緊急な案件が入り、どうしても授業の前半を自習にさせざるを得ないことがありました。

「じゃあ、この算数のプリントをやっておいてね」

子どもたちにプリントを配ると、問題を解いて答え合わせまでしておくように指示しました。急いで会議を終えて教室に戻ると、何やら様子が変です。代表委員の子2人が前に出て、一人が司会を、もう一人が書記をやっています。後ろからそっと覗いて様子を見ると、子どもたちで話し合いをしていました。

「だから、挨拶しているつもりじゃダメなんだよ」

「だって大きな声出ないし…」

「休み時間、めっちゃ元気じゃん」

途中で私に気づいた代表委員がそこで話し切ると、説明を始めました。

「先生。プリントをやるように言われたんだけど、あんまり挨拶が悪い

と感じたんで、僕たちで判断して学級会をやっていました」

「そうか。続けて。楽しみに見ているから」

そのまま話し合いを続けさせました。子どもたちが指示と違うことをしたのは、今すぐ話し合った方がよいと判断したからです。勇気が要る決断だったと思い、リーダーシップを発揮した子どもたちを誇りに思いました。

　でも、もっと前の自分だったらこう言っていたでしょう。

「自分たちで考えてよくやったね。でも、まずはプリントをやって、その後に相談してくれた方がよかったかな」

後半の"でも"は余計です。子どもたちの記憶に"でも"だけが残ってしまうからです。そう言われた子どもたちは、二度と自分たちで勝手に判断しないようにするでしょう。子どもたちも、勝手に判断してよいのです。判断は教師だけの特権ではありません。間違った判断をしたときだけ、

「こう考えるといいよ。次、また生かしてみてね」

助言すればチャレンジの連鎖は続くでしょう。

　ところで、その後の子どもたちの挨拶の様子ですが、担任の私がいくら言っても大きく改善しなかったのに、緊急学級会以降、劇的に改善されました。子どもたちの発案で始めたという理由以外に、担任がいない中で話し合ったのもよかったようです。どうしても、担任がいると構えてしまう子が出てしまうものです。それが、子どもだけの世界で話し合いをしたため、本音を出し合えたようでした。リーダーを育てるためには、ときに担任が席を外すことも一つの手だと感じた瞬間です。

（4）ときにケンカも許容

　これも2年生を担任したときのことです。

「先生。私が先に遊んでいたのに、4年生の男子が邪魔だって言ってきた」

真偽のほどを確かめると、事実その通りでした。担任を通してその子が謝りに来たので、機会を作りました。
「ゴメンね」
「嫌だ」
４年生の男の子は、びっくりしたような表情で私を見ました。何か、予期せぬことが起こったと言わんばかりの顔です。気を取り直して、
「ゴメンね」
再度言いましたが、女の子の答えは同じでした。
「ゴメンねと言ったのは偉いけど、嫌だって言うんだから仕方ないじゃないか」
男の子を諭しましたが、今にも泣きそうです。私はどうして４年生の子を許さないのか尋ねました。
「だって、ゴメンねって言ったって、いつも嫌なことするじゃん。反省してるんじゃなくて、怒られるのが面倒くさいから、謝りに来ただけでしょ。なのに、“いいよ”なんて、言えるはずないじゃん」
言われてみれば、彼女の言う通りです。
　二人の会話のずれは、学校が抱えている事なかれ文化に由来していると言えるでしょう。悪いことをした方が謝れば、本当は許したくなくても、
「いいよ」
と言わなければならないのです。唇をかみしめ、泣きながら“いいよ”と言っている子を見たこともあります。
「本当は許したくなかったんだけど、いいよって言わないといけないから…」
そう言うと、再び号泣するといった様子でした。
　なぜ、こんな文化が蔓延(はびこ)ってしまったのでしょう。それは、表面的な平穏を繕おうとする意志が働くからです。学校は保護者や地域からの目にさらされ、下手したらケンカ一つも許されない状況です。

「先生は二人とも悪いケンカなのに、相手の子の肩を持つんですか？」

両成敗をしたつもりでも、こんなお叱りの電話もかかってきます。今は、そのくらい過敏な時代です。

　しかし、ある面は正しくても、ある面は間違っています。間違いだと言う理由は、言いたいことがあっても、子どものときから黙って呑み込むように指導しているようなものだからです。ケンカは最も激しい“自分から”の行動です。心の叫びです。

「ちょっとくらいなら、ケンカもいいんじゃないか。でも、相手をケガさせたり、集団でイジメたりしたら、それだけはダメだぞ！」

くらいでちょうどよいと思います。あれもダメ、これもダメというのでは、何もしない方が得策だと教えているようなものです。それでは、リーダーなんて育ちません。担任の仕事は、子どもたちを締め付けることではなく、許容範囲を広げ、

「思い切ってやってみなさい！」

力強いメッセージを送ることなのではないでしょうか。

（5）一人違う宿題をやった子

　だいぶ前の話ですが、3年生で理科の宿題を出しました。

「影や太陽の向きを、土日どちらかで調べてみよう」

学校でも調べましたが、場所が変わった自宅でも同じような結果が得られるかどうか、確認させようと思ったのです。1週間がスタートする月曜日。宿題の結果を発表する時間になりました。しかし、一人の男の子がやってきませんでした。彼の言い分は、

「校庭の離れた場所で実験したのに、影と太陽の向きは同じだった。ということは、家でやっても同じでしょ」

確かに正しい意見です。

「でも、僕は他の勉強をした」

聞いてみると、月の動きを調べていたというのです。月でも影ができる

し、月自体も動くから、意味はあると主張するのです。太陽のように、長い時間観察はできませんでしたが、確かに一定時間観察を続けていたことは確かです。

　見事な宿題だと思いませんか。彼の言うように、結果が分かった実験など、大して面白くもありません。私の宿題の出し方に問題があったのです。
「先生の宿題の出し方は、今一つパッとしない」
そこまで言いたかったどうか分かりませんが、意味を感じなかったので、自分で変えてみたのでしょう。ただやらされる宿題とは違い、彼の学びには"自分"というものがありました。イコールそれでリーダーだとまでは言い切れませんが、リーダーとしての資質は大ありです。リーダーには、結果を気にせず突き進む力が必要で、大切なのは結果でなく過程だからです。おそらく、彼は、
「じゃあ、何を調べれば意味があるのか」
真剣に考えたはずです。

　だからといって、出した宿題に抗う子を奨励しているのではありません。みんなと同じように、何も考えずに追随するのではなく、
「この宿題にどんな意味があるのか」
自問自答し、場合によってはアレンジを加えてきたら、それを評価できる許容量を持っていた方がいいと言っているのです。

　それは、宿題だけではありません。例えば、遠足のしおりを作るように指示しても、
「家に帰ってよく考えたけど、まだお菓子の値段が決まっていないし、それに関係しておやつタイムを取る時間も変わってくると思う。だから、もう一度話し合って決めてからと思ったから、仕上げなかった」
ここまでなれれば、立派なリーダーです。

　リーダーは盲目ではいけません。また、人と違うことをするのが目的化してしまうのは、もっと危険なことです。大切なのは、結果として人

と違ってもいいから、自分が信じた一番大切なことをするという理念を持っていることです。教師は、その子の行動が確固たる理念に基づいたものかどうか、見極めなければなりません。

「教師に必要なのは、子どもとのコミュニケーションです」

よく言われる言葉ですが、ただ仲良くなるといった上辺だけのことではなく、子どもの真意を見極めるといった重要な要素が含まれるのではないでしょうか。そう考えると、身が引き締まってきます。

3 リーダーとしての心構えを体験で教えていく

　福沢諭吉は『学問のすゝめ』の中で言っています。

『自由と我儘（わがまま）の界（さかい）は、他の人の妨げをなすとなさざるとの間にあり』

　『国家の品格』の著者で数学者の藤原正彦氏は、インタビューの中で子どもの個性について問われ、次のように答えています。

『子どもに尊重すべき個性があるのは事実です。例えば、算数が得意な個性。足が速い個性。字が上手な個性。いろいろな個性があります。しかし、子どもの個性にはそのまま伸ばしてはいけない部分もあります。野菜をいっさい食べない"個性"。テレビを1日5時間見る"個性"。宿題をしない"個性"。そんな個性は尊重すべきではありません』

　自由もわがままも、両方とも自分の意志があるという点では共通しています。ただ、他人に迷惑を掛けたり、好き勝手なことをしたりしていては、リーダーになどなれないどころか、人としての生き方を踏み外す懸念すらあります。

　そうした区別を教えるためには、日ごろから熟慮することの大切さを教えていかなければなりません。それも話を聞かせるだけでなく、体験を通して教えていくのです。

（1）責任について教える

　リーダーを育てるためには、自由について回る責任を教えなければなりません。責任を負えないようであれば、ただのやりっぱなしであり野放図です。責任を持つのは、子どもでも大人でも大変なことです。

『ほとんどの人間は実のところ自由など求めていない。なぜなら自由には責任が伴うからである。みんな責任を負うことを恐れているのだ』

フロイトもこう言っているほどです。

　責任を負うということは、時間がかかることであり、担任から責められる懸念もあり、自分の自由すら脅かされる可能性があるということでしょう。それでも、子どもたちに教えたいのです。

「責任を持つことは、あなたにしかできない経験だ」

と。

　以前、低学年の遠足を計画する際、ゼロから子どもたちに任せたことがありました。私は2年生の担任でしたが、自分の学年だけでなく1年生のことも配慮した計画にするという条件のもと、立候補した実行委員を中心に組み立てていきました。さて、事前の準備はバッチリ。しおりも、完璧に近く完成していました。当日の朝を迎え、バスに乗り込み、現地に到着したときのことです。すぐさま実施するフィールドゲームの説明をしようと、全員を前にしたときのことです。

「あっ」

悲鳴のような声が聞こえてきました。ただ、ケガや病気ではないので、声はかけませんでした。当日、担任は口出ししないという約束になっていたからです。様子を見ていると、やがて何が起こったのか分かりました。フィールドゲームで使う、スタンプカードを教室に忘れたというのです。カードがないと、ポイントで待っている教師が、通過の証拠となるスタンプを押すことはできません。興味深く見ていると、しばらく思案して、その子はこう言いました。

「すみません。フィールドゲームで使うカードを学校に忘れてしまいま

した。だけど、ゲームはそのままやります。しおりで最後のページがあいているので、そこに押してもらうようにしてください」

自由という名のもとに立案を始めた遠足。当日のクライマックスで大きな失敗になるところでしたが、見事に責任を果たしたのです。

　遠足が終わってから、彼に最大限の賛辞を送りました。

「カードを忘れたなんてことは、大したことじゃないよ。これからの人生、もっと大きな失敗は数多くあるだろう。今回、君が素晴らしかったのは、ミスしてもその場で挽回したことだ。おかげで、みんなが楽しく遠足に参加できた。あそこで、泣くって手もあったと思う。だいたいの子がそうするだろう。でも、君はしなかった。そんなことをしたら、みんなに迷惑がかかるって知っていたからだ。これから先、大変なことがあっても、今日のことを参考に乗り越えていけると思う」

彼も心底嬉しそうな表情を見せていました。

　責任を伴うことを考えると、リーダーという役は回避したいものです。でも、自分で知恵を働かせ挽回した快感は、リーダーでなければ体験できなかったことです。

「責任を持つって、素晴らしい」

リーダーやリーダーを目指す子に、そう教えたいものです。

（2）安易な結論は恥ずかしいと教える

　ジレンマとは、二つの相反する事柄の板挟みになる状態を指します。板挟みになると、その状況を打開するため、自分の意志で正しく決定する必要に迫られます。それこそ、自由と責任を学ぶ良いチャンスなのではないでしょうか。

　しばらく前になりますが、ハーバード大学のマイケル・サンデル教授のジレンマを生む授業が話題になりました。その中でもトロッコ問題についての問いは衝撃的でした。

『制御不能になったトロッコが、猛烈なスピードで走っています。疾走

するトロッコの先には、線路工事をしている作業員が5人います。運転士であるあなたは、左側の待避線にトロッコの進路を変更できます。そうすれば5人の命を助けられます。しかし待避線には1人の作業員が工事をしていて、今度は彼がトロッコにひかれて命を失うことになるでしょう。あなたなら待避線に入り、1人を犠牲にして5人を助けるでしょうか。それとも待避線には入らず、5人の命を奪うでしょうか』

　この授業を2年生の子どもを相手に実践しました。

「みんなは、どちらを選ぶ？」

聞いてみると、大多数の子が待機線への変更だと答えました。

「でも、そうするとその1人が亡くなってしまう」

問い返すと、多くの子が同じように答えました。

「5人と1人とを比べたとき、人数の少ない方を選ぶ」

「人一人の命は地球よりも重いと言われるのに、君たちは人数つまり量で重さを決めようとするんだ」

私がいかにも困りそうな問いを発すると、いろいろな意見が出てきました。

「人の命は重いけど、ここでは人数で見るしかない」

「それは違うと思う。もともとこのトロッコはまっすぐ行くはずだったんだから、5人の命は仕方ないと思う」

「だけど、5人には家族がいるから、悲しむ人は1人のときより多いと思う。だから、やっぱり1人がいる方を選ぶのは仕方ない」

もう一度、命を量ではかるという意見が多数を占めつつありました。そこで、さらにジレンマを生む問いを重ねました。

「多くの子が1人だけしかいない方を選ぶようだね。ところで、その一人が自分の知っている人だったらどうする？」

これには子どもたちも困りました。

「知っている人だったら、5人の方に行った方がいいと思う」

「僕も、知り合いだったら、意見を変える」

量で選ぶという子どもたちも、ここでは質を考えた意見に変わったので

す。しかし、変わらない3人がいました。

「その1人が知っている人だとしても、それが自分の親でも、僕は意見を変えない。だって、5人が死んでもいいってなったら、5人の家族が悲しいじゃん。僕は人数が少ない方を選んだんだから、それが自分の親でも意見は変えない」

　最後は涙ながらに訴えていました。授業はそこで終わりにしました。結論を出すのが目的ではなく、板挟みの中で真剣な議論を生みたかったからです。

　リーダーになるためには、物事を適当に考えるのではなく、確かな根拠を持って考え抜くことが求められます。ジレンマを生む話し合いは、
「安易に結論を出すのは、恥ずかしい」
と教えることになるでしょう。子どもとは言え、熟慮というのはリーダーに欠かせない資質の一つです。

（3）現状維持は後退だと教える

　先ほど、『最も強い者が生き残るのではなく、最も賢い者が生き延びるでもない。唯一生き残るのは、変化できる者である』というダーウィンの言葉を紹介しました。

　本当にその通りです。社会は刻々と変化し続けています。社会が変化しているのに、学校が旧態依然のままでは、子どもたちが対応できる人材になるはずがありません。時代に取り残されないようにするためには、進んで変化の中に身を投じるくらいの心構えが必要です。

　しかし、「変わることを恐れないようにしよう」と子どもたちにいくら言っても、分かったような返事はするでしょうが、実感に至るには程遠いでしょう。ここでも、体験が不可欠なのです。

　私はここ20年、クラスに係を置いたことはありませんが、今まで係分担に慣れてきた高学年の子たちは、はじめは強い難色を示します。
「やる子とやらない子に分かれたら、どうするの？」

「そのときは、みんなで話し合って解決しよう」
と答えますが、納得しない表情を浮かべています。それでも、担任が言うなら仕方ないと、取り合えず始めることとなります。

　高学年の場合、特徴的なのは二極化することです。大きく言うと、「自分から考えてできるって、楽しい」と前向きにとらえる子と、「今までは係があったのに、自分から進んでやるなんて面倒くさい」と現状維持を求める子に分かれることです。変化を嫌う子に、「今までのものを続けても進歩はないよ」といくら説明しても、かえって時間がかかるだけです。そういうときは、思い切って全員が係分担していた過去に戻します。怒ってそうするわけでなく、どちらが良いのか、もう一度体験させることで、理解に結び付けるためです。

　電気係、窓係、ポスト係…係分担して一人一役での仕事を再スタートさせます。すると、すぐに子どもたちから不平が上がってきます。
「係じゃないのに黒板を消したら、文句を言われた」
「ポスト係が忘れているから、ウチのクラスにプリントが届かない」
「気づいた人がやればいいのに、気づいてもやっちゃダメなんて変！」

　説明では分からなくても、体験してみると理解できるものです。現状維持は後退を意味するのです。

　特に、これからの時代。10年後、20年後がどうなっているかなど、誰にも予想がつきません。つかないということは、どのような時代が到来しても、変化に柔軟に対応できる人材を育てなければならないのです。そのためには、体験を通して、「変化って楽しいことなんだ」と、実感できる子にしておかないといけないのです。そうしないと、変化という言葉を聞いただけで嫌悪感を持つようになってしまいます。

（4）物事は思うように進まないと教える

　人生というのは、決して順風満帆ではありません。良いときもあれば、悪いときもあります。長い人生、下手したら悪いときの方が多いでしょ

う。いくら頑張っても、ままならないことはあるものです。

　リーダーと呼ばれる子の中には、自分の機嫌がよかったり、うまくいったりしているときは活躍しても、ちょっとでも思い通りに進まないと途端にやる気を失うような子がいます。リーダー性はあるのでしょうが、それではリーダーとは言えません。リーダーは、安定して活躍できる人材のことを指すのです。ただ、そうした子でも、「人生はままならない」と早いうちにそう教えることで、リーダーになる可能性はあります。そのためには、物事は必ずしも全てうまく進むわけではないと、体験を通して教える必要があります。

　リーダー性はありますが、うまくいっているとき限定の子を受け持つことがあります。そうした子には、クラスを代表する代表委員（学校によっては学級委員）を任せます。思い通りにいかないことを体験する機会の宝庫だからです。我慢強い子が引き受けた1学期には提案させませんでしたが、その子が代表委員になった2学期、
「胸につける名札をなくしたい」というクラスの意見を代表委員会に持って行かせました。当時、クラスの主張が通る風土が学校になかったので、ちょうどよいと思ったのです。
「服に穴が開くし、名前を聞かれたら自分から答えればいいんだから、名札なんて必要ないと思います」
　これで決まっただろうくらい自信満々の様子でしたが、彼の予想外に反論が続出しました。
「廊下で倒れてしまって、名前が言えなかったらどうするんですか？」
「穴が開いてもいい服を着てくればいいじゃないですか」
「名札を付けるのは、小学生として当然です」
　どれも滅茶苦茶な論理です。彼の主張の方が一理あります。もちろん、彼は得意の弁舌で食い下がりました。
「廊下で倒れても、上履きに名前が書いてあれば平気です。それに、音楽会とか、良い服を着てくるときもあるので、穴が開いたら困ります。

名札を付けるのが当たり前だというのも、そう思い込んでいるだけです」
やがて意見が出尽くしたところで採決になりましたが、結果は圧倒的多数で否決となったのです。私には予想通りでしたが、彼にしてみるとガッカリという結果でした。

　クラスに戻り、級友に会議の結果を伝えました。
「こんな当たり前のことが通らないなんて、この学校、変だと思う！」
最後はぶっきら棒に言葉をしめたのです。私も変だとは思いましたが、民主主義は多数決の原理です。決まった以上、従うよりほかありません。それでも、憤懣やるかたないといった彼に言いました。
「私も名札はなくてもいいと思う。でも、必要だと思う子もいるということだ。説得したけれど相手の意見が変わらなかったのは、それはそれで仕方がない。大切なのは、この学校の決まりを変えることではなく、変えようとして努力したことだ。結果は人生に生かすことはできないけど、変えようと努力した過程はこれからも生かすことができる。君にとって最も大きかったのは、いくら正しいと思っても、それが必ず通るというように、思い通りにならないこともあるって知ったことなんだよ」

　体験を通した分、彼はだいぶ理解したようでした。なぜなら、その後の様子を見ていると、うまくいかなくても止む無しという様子が見られたからです。彼が本当のリーダーになった瞬間でもありました。

4 教師がいちいち細かく指示をしない

　教師が細かく指示したり注意したりしていると、表面的にはうまくいきます。ただ、それはあくまでも表面的なものです。うまくいっているように見えるだけで、決して子どもたちの力がついているわけではありません。体裁を繕うために指示をするのであれば、放っておいて、どのくらい動けないのかを見た方がよいでしょう。

　もっとも、指示をしなければ、子どもたちが主体的に動けるようにな

るといったものでもありません。指示しなければ、何もしない子を作る
だけです。必要なのは、指示をしなくても自分から動けるような子ども
にする仕掛けを用意することです。リーダーを育てるには、特にそうし
た意識が必要です。

　大村はま先生は著書『教えるということ』の中で、恩師に授けられた
言葉として次のような内容を紹介しています。

『あるとき、仏様が道ばたに立っていらっしゃった。すると、一人の男
が荷物をいっぱいに積んだ車を引いて通りかかった。しかし、大変なぬ
かるみにはまってしまい、懸命に引いても車は動かない。汗びっしょり
になって男は苦しんでいた。その様子をしばらく見ていらっしゃった仏
様は、ちょっと指でその車におふれになった。その瞬間、車はすっとぬ
かるみから抜けて、からからと男は引いていった。奥田先生はこのよう
に話して、「こういうのがほんとうの一級の教師なんだ。男はみ仏の指
の力にあずかったことを永遠に知らない。自分が努力して、ついに引き
得たという自信と喜びとで、その車を引いていったのだ」と語りまし
た』

　教師の指示があったから伸びたというのではなく、自然にリーダー性
が身につく方法を考えていく必要があります。

（1）量や時間を指定した宿題

　通常、学校から出る宿題は、
「算数の教科書30ページの練習問題を仕上げてきましょう」
具体的に指示するものです。具体的であれば、全員が同じ内容をこなす
ことができ、漏れが出ないからです。確かに、基礎基本の定着を目指し、
同一の宿題をさせることは意味があることです。他方、同一の宿題には
２つ問題があります。

　１つ目は、中程度の学力の子をターゲットにした宿題は、苦手な子に
は難しすぎ、得意な子には簡単すぎるということです。苦手な子は１問

解くのに1時間かかるかも知れません。それが、10問も出されたら寝る時間がなくなります。その結果、親が教えるという名目で、ほとんど答えを言うことになってしまうのです。得意な子は、
「もっと、他の問題をやりたかったのに…」
実力を持て余してしまうでしょう。もっと伸びるチャンスがあったのに、足踏みする結果となり得ます。

　2つ目は、決められた宿題では、その子の意志が反映されないことです。内容が指示されているので、それに抗うのは難しいでしょう。
「そうは言っても、僕は他のことをやった」
では済まない場合もあるでしょう。いずれにしろ、指示の連発は自分から考えない人間を量産するようなものです。

　では、どうすればよいかというと、その子の意志があらわれる宿題に変えるべきだと思います。例えば、漢字テストがあるとしましょう。ある子は見ただけで満点を取れるかもしれませんが、ある子が満点を取るためにはノートに10ページ練習する必要があるかもしれません。子どもによって、必要な量も時間も異なります。
「満点取れると思うだけやりなさい」という指示にすれば、量や時間の管理はその子のものとなります。発想次第で、その子の意志が反映される指示へと変わるのです。

　時間だけを指示した宿題でもよいでしょう。「算数のテストがあるから、1時間勉強しましょう」となれば、何をやるべきかその子が考えます。苦手な子も得意な子も、自分自身の学習状況を自己評価します。その結果、「よし、九九は覚えているから、文章題を中心にやろう」ということになるのです。

　思い切って、「自信を持ってテストができるまで勉強しよう」と、もっと大きく広げた指示にすれば、内容だけでなく時間までも管理せざるを得ません。三角形の面積を求める公式を知らなくても社会でやっていけますが、自己管理できずに済む仕事など一つもありません。

それができるようになったら、量も時間も指示しないのです。
「1週間後にテストがあるから、頑張って」
それだけで、必要な内容を必要な分だけできたとしたら、やがては自分の人生を管理できることにつながるでしょう。リーダーにとって必要な資質と言えましょう。

（2）ときにできなくても助けない

　教師という職業に就く者の特徴とも言えるでしょうか。どうしても、子どもに失敗させたくないと思ってしまうのです。
「代表委員会に持っていく提案書を見せて」
　各クラスの代表が集まる委員会は、組織で言うと児童会の最高決定機関です。提案書を書けないのであれば指導する必要はありますが、書く力があるとすれば意図して関わらない姿勢も大切です。組織論で考えると、児童会の検討や決定内容が教師の意見に反映されすぎるのも問題です。子どもには子どもの世界があり、任せるべきところは大いに任せてよいのではないでしょうか。
　提案書を持って代表委員会に出かけた子どもは、緊張しながら参加することでしょう。「これなら大丈夫！」という定番である担任のお墨付きがないので、自分で何とかするしかないからです。うまくいけば自分の手柄ですが、失敗すれば自分の責任となります。担任が同席したとしても、決して助け舟を出してはいけません。何か助言をすれば「最後は先生が何とかしてくれる」と依存心を助長する恐れがあります。子どもがうまく切り抜けても失敗したとしても、まずはやらせてみるのです。
　評価は代表委員会が終わった後にすべきです。もし、うまくいけば、その功績は全てその子のものです。
「いやあ、頑張ったなあ。まさかここまでやるとは、完全に私の予想を超えてるよ。後で教室で報告して。みんなもきっと大喜びだ」
　評価を受ければ、自分の仕事を想起し、次も同じように頑張ろうと思

うでしょう。解決の引き出しを一つ手に入れた瞬間です。

　他方、失敗することもあります。担任が任せた分、子どもは誰かのせいにすることはできません。

「提案書の内容も言い方もよかった。でも、昼休みに体育館を開放してほしいという理由、つまり校庭だけでは足りない理由が少し弱かったかな。機会があったら、もう一度提案しよう。そのときは、今回の反省を生かせばいいじゃないか」

　あくまでも失敗した理由も結果も自分の問題なので、助言した内容は子どもの心深く入っていくはずです。

　リーダー業は辛いものです。良かれと思ってやったとしても、それが裏目に出て反感を買うことすらあるからです。しかし、そうした現実から目を背けさせるべきではありません。そのためにも、過度に手出しすることなく、「まずは自分の力でやってごらん」と子どもに自分自身の力と対峙する機会を作るべきなのです。こうした経験を繰り返せば、子どもはどうなるでしょうか。

「二度とリーダーなんてやりたくない」

案外、こう思わないものです。なぜなら、経験を積むたびに解決の引き出しを増やし、徐々にうまくいくことが増えるからです。その快感は、リーダーになった者でなければ分かりません。

（3）期待した答え以外も許容する

　担任というのは、クラスの管理を任されているからでしょうか。

「話し合って決まったのはいいけど、本当にそれでいいのかな？　もう1回、よく考えてごらん」

　どうも期待した方向性に持っていこうとする習性があります。そう言われた子どもたちは、決定した内容に疑心暗鬼になります。

「担任の先生がそう言うんだから、何かまずいかな…」

　再度話し合い、結局は担任の意に沿った決定となるわけです。これで

は、子どもたちに話し合いを任せながら、それが最終決定にはならないといった、辻褄の合わない流れになってしまいます。担任に必要なのは、出た結論が期待したものでなくても、それを許容するといった姿勢です。

　6年生を担任したとき、挨拶を活発にするための方法を話し合ったことがあります。様々な解決案が示されました。
「臨時で児童総会を開いて、挨拶の大切さをみんなで確認すればいい」
「クラスの代表が一人ずつテレビ放送で訴えればいい」
「生活委員の挨拶運動を止めて、クラスが代わりばんこで校門に立てばいい」

　どれも期待通りの答えです。しかし、子どもたちが最終的に決定したのは、「ポスターにして呼び掛けよう」というものでした。ポスターにしたからといって、解決するわけではありません。一つの形になるので、子どもが選びやすいものではあるでしょうが、ポスターで解決するなら「たくさん勉強しましょう」と書いて廊下に貼っておけば、学力が飛躍的に上がることでしょう。個人的には、最も避けたい解決案でした。そのとき言ってしまったのです。「ポスターで解決するなら、僕もお願い事はポスターに書くようにしよう」

　大部分の子は私の意を汲んで考え直そうとし、一部の子は納得しない表情で渋々話し合いに加わりました。完全に私の過ちです。
「みんなに任せたから」と言いながら、これっぽっちも任せてなかったのです。不承不承といった様子の子たちは正しい反応をしただけです。

　6年生のそのクラス。何事もなく無事に終わりましたが、多くのリーダーが誕生することはありませんでした。何をするにも、「これは先生の期待に添えているかな…」と自然に探るような風潮が蔓延していたからです。なぜ、それが分かったかというと、その年に卒業したクラスの女の子が教えてくれたからでした。
「楽しかったけど、みんなは先生にちょっと気を使う部分があった。それが、思い切りできない理由でもあったと思う。でも、ありがとう」

今でも恥ずかしい自分の行状です。

　子どもたちに任せたのであれば、私の意に添わなくても、認めるべきでした。いや、それどころか、個人的な希望など持たずに見守るべきだったと思います。大切なのは、期待通りの動きをさせることではなく、決めた方法を全うすることでした。そこで効果が出なければ修正させるという、確かな学びを提供することでした。リーダーは学びながら成長していくものだということをすっかり忘れていたのです。

（4）ときに時間をおいて評価する

　担任は、子どもの言動について、間髪開けず評価したいものです。頑張った場合には、その場で評価すれば感動が強くなるはずです。時を開けない方がよいでしょう。ただ、うまくいかなかった場合、時間をおいた方がよいこともあります。

「代表委員会での提案、頑張ってはいたと思うけど、今思うとどうして生活委員をなくした方がいいかという理由が弱かったかな」

気持ちが落ち込んでいるときは、頭の中に入らないことがあるからです。

　リーダーの話ではなく、子どもを注意するときのことを例にとりましょう。例えば、ある子がジャンケンで勝ったのに、他の子が多めによそったため給食のお替りができなかったとします。

「何で勝手なこと、するんだよ！」

　ケンカに発展しそうになったとき、担任は止めに入るでしょう。

「気持ちは分かるけど、ここで怒ったらみんなに迷惑でしょ」

「でも…」

「"でも"じゃなくて、気持ちを切り替えなさい」

「…」

「分かったの？　分かったら、返事は？」

「…」

「給食が終わったら話があるから、教室に残りなさい」

「…」

　担任がその子を教室に残して注意したとします。最終的には、子ども
は「分かった」と言うでしょう。しかし、子どもが納得したわけではあ
りません。これ以上注意を受けて、休み時間が潰れるのが嫌だから、
渋々返事をしただけです。熱くなっているときに水をかけても、“焼け
石に水”ということもあります。

　給食中のケンカは事故につながることもあるので、その場は止めるよ
うに注意するべきです。ただ、話をするのはその場でなくてもよいと思
います。例えば、３日程度開けてから話をするのです。子ども本人も３
日前の給食のことだとは思わず、耳を傾けるに違いありません。
「あのさあ、この前の給食の時間。振り返ってみて、どう思う？」
「恥ずかしかった」

　時間を開けて評価した場合、だいたいが冷静に事実を受け止めます。
「じゃあ、次に似たようなことがあったとき、落ち着いて行動する方法
を考えよう」
この方が間違いなく子どもの心に届きます。

　リーダーの子に対処する場合も、似たような指導が求められることが
あります。代表委員会での提案がうまくいかなかったとき、「あれは、
ミスだったね」と、すぐにそう言ってもキレることはないでしょう。し
かし、しょげている分、心に入らないものです。それを翌日になって評
価したらどうでしょう。
「昨日は惜しかったな」
「うん。どうすればいいか、家で考えたら、理由が分かった」
「それで何が分かった？」

　晴れやかな気持ちで話ができるはずです。その子も、その日に評価さ
れなかった分、自分で振り返る機会が得られます。

　リーダーと言えども、まだ小さな子どもです。評価するには、効果の
あるタイミングを意識することも不可欠だと思います。

第**4**章

リーダーが育つ
特別活動を
意識する

1 不十分でも子どもたちに任せる

　なぜ特別活動にこだわるかというと、一つは子どもたちが楽しんで取り組むメニューが多いからです。遠足や修学旅行、運動会や音楽会などは、どれも子どもたちにとって魅力のある活動でしょう。もう一つは、学んだことを活用できる場だからです。面積を求める公式、かけ算の九九といった教科で取り扱う内容はあくまでも未習事項で、担任が教えなければならない内容です。対して特別活動は、各教科で学んだことを生かし、自分たちで進めることができる内容が多いのです。

　不十分でも子どもたちに任せる理由は、学校は子どもの自立を促す場だからです。全て教師が段取りを進めてたら、子どもはいつ自分たちでやるのでしょうか。

「子どもたちに任せたら心配だから…」

完成度を気にするかもしれません。しかし、教師が100%に仕上げ、子どもにやらせたとしても、子どもに身につく力はゼロです。何しろ、企画から関わっていないわけですから、力が付きようもないのです。対して、子どもが仕上げた30%のものは、どうでしょうか。確かに、完成度は低いでしょう。ただ、その30%はそのまま子どもの力になります。回数を重ねていくと、その30は40、50と上がっていきます。その過程でリーダーが育っていくのです。

　得てして、教師は完成度、言い方を変えると外聞を気にします。保護者の要望や要求がエスカレートする昨今、意識するなと言う方が無理でしょう。それでも、外聞という結果ではなく、リーダー育成という過程を重視べきだと思います。

「先生。ウチの子、何か変わってきました」

必ずそうした声が増えてきます。同時に、結果よりも過程の方が大事だと理解するようになるはずです。長期的かつ計画的に取り組んでいきましょう。

（1）教師がお膳立てしても意味がない

　例えば、遠足に出かける計画を立てるとします。時程、昼食場所、バスの座席、グループなど、全て教師が組めば表面的にはうまくいくでしょう。表面的と言うのは、事故やケガ、また、もめ事なく帰ってくるという意味です。

　遠足に行くと、他の多くの学校と出会うことがあります。
「はーい、先生の後に続いて」
大抵の場合、担任が先頭に立ち、子どもたちが後を続くという形をとっています。知らない場所だから仕方ないという見方もありますが、
「じゃあ、ここにシートを広げて」
昼食場所でも同じように指示が続いています。バスに乗り込む際も、
「はーい、奥から座るからしおりを見て並んで。ねえ、君はもっと後ろに並ばないと、途中で邪魔になっちゃうよ」
何から何まで事細かく指示されます。教師は指示する人、子どもは指示を受ける人という構図で、双方何の疑問もなく事が運んでいます。遠足という行事は、子どもが楽しかったと感じられる思い出作りの場になることが多いようです。

　しかし、それでは勿体ないのではないでしょうか。行くとなればそれなりの準備も必要でしょうし、遠足当日は丸々一日使うはずです。教師の指示をただ黙って聞いているだけで、リーダーが育つわけでもありません。ディズニーランドに出かけ、思う存分遊ぶ家族での休日に比べたら、行き先の魅力でも劣るはずです。学校という組織でないと行けないのは、国会見学くらいのものでしょう。

　お膳立ての無意味さを訴えますが、はじめはなかなか理解されません。
「教育内容は、教師が段取りをつけるべきです」
固定化された意識が抜けないようなのです。
「でも、我々の段取り通りに進めて、どういう学力を付けるんですか？」
「集団行動の練習とか…」

「でも、社会に出て必要な力として、集団行動を挙げているところはないと思います。大切なのは、各自が自立した動きができるようにしたり、リーダー育成する場を持ったりすることなのではないでしょうか」

「班をまとめるのも、大切な力なのでは…」

「否定はしませんが、決められたメニュー通り進むようにまとめるのでは、そこに子どもたちの意志は発揮されません」

「でも、子どもたちは楽しみにしています」

「それでは、目的地を遊園地に変更しませんか?」

こんな具合で、少しは理解が進むというところから始まるのが多いです。

　それでも、始めて見ると、喜々とした声が届くようになります。

「みんなで分担して、家で計画を立ててきたようです」

「遠足以外にも、自分たちで動く様子が出てきました」

教師のお膳立てが激減するのです。こうなれば、子どもたちは自分たちでやるしかありません。昔、ある管理職に言われたことがあります。

「そんなに任せて子どもたちがわがままになったら、どうするんですか?」

「任せたからわがままになるわけではありません。任せないから、自分本位の考え方になるのです。また、私たちが教育してきて、その結果任せられないでは、自分たちを自己否定することになります」

そのときは、そう反論しました。リーダーはできるものではなく、作るものだと改めて思います。

(2) 創る過程にこそ意味がある

　天才棋士、羽生善治は言っています。

『勝ち負けにはもちろんこだわるんですが大切なのは過程です。結果だけならジャンケンでいい』

　ずいぶん面白い表現をするものだなと感心します。どうなったかではなく、どうしようとしたかを重視する姿勢が、長い間トップに君臨する

秘訣なのでしょう。リーダー育成も同様だと思います。活躍するという結果だけを求めたら、華々しく目立つ部分、楽に手柄を立てられる部分ばかりをねらうようになります。活躍という結果は、努力や思考という過程に付随するものであり、決して目指すべきものではありません。しかし、意外と学校では結果を褒めてしまうものです。

「いつもと違って100点取って偉いね」

珍しく満点を取った子の結果を評価してしまうのです。いつも取れない子が成果を出したということは、頑張ったという過程があったからに他ならないでしょう。

「100点を取ったこともよかったけど、何より大事なのは君が目標に向かって努力したことだよね。努力したという経験は、テストの結果だけでなく、他でもたくさん生きると思うよ」

となれば、ただの点で終わらないはずです。

　もっとも、いくら創る過程を重視しろと言っても、それがあまりに重いテーマだと疲れてしまうものです。遠足や修学旅行といった特別活動ならどうでしょう。

「バスの座席、どうなった？」

「どう数えても、一人足りない」

「それじゃあ、ヤバいじゃん」

「うん。だから、もう一度チェックし直してるんだ」

「だったら、俺も手伝うよ」

「ありがとう」

　いかにも楽しそうじゃないですか。創り上げるには時間がかかりますが、創る過程でみんなの笑顔を思い浮かべながら仕事ができるのです。その結果が不十分な内容だとしても、全く問題ありません。教師がお膳立てした100％の計画など、リーダー育成にとって何の意味も持たないのです。

　創る過程には、様々な学びの要素があります。目的地までの行程を確

認するためには、社会科で学んだ地図の見方が役立ちます。私が6年生を担任したときは、会計までも任せてみました。そこでは、算数の計算力が必要とされます。各教科で学んだ知識や技能を総動員できるのです。また、多くの仲間とのコミュニケーションも余儀なくされます。

「この漢字であってたっけ？」

名前を確認する際、難しい漢字の子には、直接尋ねる必要もあるでしょう。持ち物としてお菓子が書かれていても、それを食べる時間が設定されていなければ、食べることはできません。該当する係が集まり、議論し直す必要があるのです。

「先生。家族と下見に行ってきた」

そうした子が何人も出てきます。ただ、遊びに行っただけでなく、

「トイレが少なかった」

気づいた課題も持ち帰ってきているのです。主体的な学びに他なりません。

「先生。帰りも歩くか、リフトに乗るかは大事な問題なので、学年全員集めて話し合いをしたいんだけど…」

仲間のモチベーションを配慮する子も出てくるでしょう。全て、リーダーにとって必要な視点や求められる資質ばかりです。

　もちろん、教師の支えや適切な助言は必要です。一部の実行委員が全てを決めようとしていたら、

「そこは大切だから、学年全員を集めようか」

指導する必要があります。ただ、基本は子どもたちが創る過程を重視するスタンスで、とんでもない決定以外は支持するべきです。

（3）子どもが教師を案内する

　よく掲げるスローガンが、

『先生がみんなを連れて行くのではなく、みんなが先生を連れて行こう』

です。遠足当日もなるべく口を挟まないようにするのです。高尾山の山

頂に到着し、昼食時間になっても黙ったまま見守るようにしています。
「先生。お昼にしてもいい？」
近くにいる子が聞いてくる場合もありますが、
「僕も分からないなあ」
知らん顔を決め込みます。そこで、答えてしまったら、今までの準備が水の泡です。
「結局、先生が何とかしてくれる」
子どもたちはそう思ってしまうからです。
　実行委員とはいえ、初めて山頂に来た子がほとんどです。どこで食べればよいのか、事前に判断できているわけではありません。山頂は、他の学校から来た子でも溢れかえっています。ただ、臨時で実行委員会を開いていたら、時間が過ぎてしまいます。その場合、誰かが単独で必要な指示を出さざるを得ません。スピード感、臨機応変な判断は、こうした土壇場でつくものだと思っています。あくまでも予行練習では身につかない、リーダー育成実習の場となるでしょう。
　以前、2泊3日で日光修学旅行に出かけた際、最終日の昼食場所を子どもたちと決めたことがありました。旅行代理店に事前に相談しておくものですが、彼が言うには該当する場所がないというのです。何しろその条件が、学年100人が入ること、食べた後に遊ぶ場所があること、好きな物を食べたいので何種類かの中から選択できることの3つでした。代理店が提示した場所は、もちろん100人入りますが、子どもの希望である遊ぶ場所も選択の余地もありません。
「まあ、ここばかりは諦めて、業者さんの言うことを聞くか…？」
提案しましたが、子どもたちは受け入れません。ガイドブックを見て何とか子どもが探してきたのが、東照宮の前に立つ某有名ホテルです。
「全員カレーでよいというのであれば、ご提供できます」
願ってもない場所でしたが、学年会議で否決となりました。カレー以外の物を食べたいという声が、少数ですが強かったのです。

「じゃあ、先生。ここは？」

子どもたちが出してきたのは、自然豊かな森の中に立つ結婚式場でした。

「えっ？」

狼狽えたのは、担任の方です。

「格式も高そうだし…」

そんなことなど知らない子どもたちは、当たって砕けろの姿勢です。子どもたちが考えた原稿通りに私が電話すると、全て了承という結果でした。平日で結婚式が入っていないため、対応できるというのです。料理も、中華、洋食、和食の３つの中から選択できるというもので、食後に遊べる施設や敷地もたっぷりとあったのです。

　修学旅行３日目。壇上に用意されたマイクを使い、実行委員長が話しました。

「３つの条件を受け入れてくれるところなどないと思っていましたが、ここの責任者の方が良いと言ってくれました。おかげで、中華も洋食も、私の好きな日本食まであります。おいしい料理を食べられる以上に、良い思い出ができました」

おいしく食べたという結果ではなく、過程から頑張ったという思い出に他なりません。胸を張って堂々と前に立つリーダーの子たちは、本当に立派でした。私たち担任は、客として招かれたかのように、のんびり食事ができました。子どもたちがその場を管理しているので、学年全体を見る必要もありません。まさに、子どもが教師を連れてきた修学旅行になっていたのです。

　目指すは、そこまでの感覚だと思いました。年度末の卒業式練習。

「先生たちは職員室で休んでいて。僕たちだけで練習できるから」

本当にそこまでできたのです。そこには晴れ晴れとした教師が指導するより立派な子どもたちがいました。

（4）正解は一つではない

　気をつけなければならないのは、正解は一つではないという意識です。教師が正解を決めてかかると、子どもに姿勢が伝わるものです。

「先生は、こっちがいいらしいな」

などと思わせたら、顔色をうかがう人材を育てるようなものです。正解を複数用意するというより、どんな提案や話し合いの結果が来ても、どれもフラットな目線で対応するといった姿勢が大切でしょう。

　例えば、運動会の応援合戦。毎年、同じような応援スタイルが繰り広げられているため、

「今年は違うものにしたい」

子どもたちから提案があるかもしれません。私だったら、昨年度のものを踏襲するか、今年新しいものを作り直すか、２つ程度の選択肢しか持たないでしょう。どちらを要望されても、

「分かった。それで行こう」

子どもの気持ちに寄り添うことができます。しかし、

「応援合戦は、僕たちがやりたい内容ではない。思い切って中止して、あいた時間で全校競技を新しく準備したい」

教師には教師の都合があり、今まで続けられてきた伝統を変わらず守っていこうという風土があります。普通に考えると、とても応援合戦を中止する判断などできません。いくら子ども中心だとは言っても、簡単に首を縦に振れないものもあるでしょう。

　しかし、冷静に考えるべきです。応援合戦を入れることで得られる力は何かと。応援合戦の代わりに入る、全校競技を計画することで得られる力は何かと。応援合戦を中止しても、大きく問題はないはずです。それどころか、今まで築いてきた伝統を壊してしまうのです。提案した子どもたちには責任があります。

「必ず良いものを作ります」

きっと、そう断言することでしょう。大きく変更する理由や経緯、計画

に至るまで事細かく説明する必要もあります。その過程そのものが、リーダー育成の場になるのではないでしょうか。

　教師は、正解は一つではないと言いながら、心の中では正解を用意しているものです。想定と大きく逸脱した場合、

「それは、ダメだよ」

となるものです。しかし、大切なのは、何の色眼鏡もなしに出てきた提案をフラットに見ることなのです。案外、頭の柔らかい子どもたちの申し出の中には、これからの時代に即した重要な示唆が含まれているかもしれません。頭ごなしにダメだと決めつけることは、非常に危険なことなのです。

2 ゼロから子どもたちが創り出した特別活動（実践例）

【ゼロから創った遠足】

（1）遠足用の組織作り

　この実践は、3年生と4年生、2つの学年で協働的に取り組んだものです。行き先は東京都八王子市の「高尾山」。合同での実行委員会としました。

　ここでの組織作りの意図は2つです。1つ目は、委員長や副委員長を含めた、児童一人ひとりが組織の一員としての自覚と責任を持って取り組むこと。2つ目は、案件の提案から決定までの流れを把握し、常に報告・連絡・相談を図るということです。

　各学級から実行委員6名を選出し、4学級計24名での船出となりました。そのうち、上級生となる4年生から委員長1名、副委員長1名。3年生からは副委員長1名を選出し、その他の児童は、遠足に必要となる係に所属しました。具体的な係としては、次の11です。

しおり係、雨天係、バス係、集会係、体力係、登山係、リフト係、学習係、約束・持ち物係、普段係（普段の生活から頑張ることを検討する係）、事前オリエンテーション係

　分担が決まると、そこからは子どもたちの出番です。普通だったら、教師が決めてしまえばいいと考えられる内容もあるでしょう。例えば、持ち物や服装、時程、昼食場所、登山ルートなどです。しかし、教師側から子どもたちにトップダウンで下ろせる内容でも、子どもたちに考えさせます。教師が全てを決め、子どもに責任を持たせないようでは、リーダーは育たないからです。

　ただし、実行委員会で全てを決めるわけではありません。
「バスはどのような座席が良いと思いますか。Ａ、クラスごとに座る。Ｂ、３・４年生がペアになって座る。Ｃ、クジを自由に引いて決める。この中から良いと思われるものを一つ選んでください」
というように、学年全員で話し合う議題を明らかにし、選択肢を提示するのです。

　実行委員会では、学年全員にその場で考えてもらえるような提案の仕方、情報の精査、伝えるべき優先順位等を考え検討します。検討後は、学年会議で必要な司会、書記などの役割分担、会議の進め方など、考えることが山積みです。しかし、その過程こそリーダーが育つために必要不可欠なことなのです。実行委員であるリーダーとして、すべきことの優先順位を決めたり、自ら必要な情報を調べたり、ときに仲間に相談したりと自分で考えて行動することで、課題解決の仕方を学ぶからです。

　最終決定機関は学年会議です。大勢の仲間の前で提案する経験が、リーダーとして育つための糧となります。初めての学年会議でうまくいくことはなかなかありません。たとえうまくいかなかったとしても、
「失敗を恐れず、よく自分からやろうとしたね」
「途中立ち止まったけど、よくやりきったね。また次にチャンスあるよ」

教師は、子どもの失敗を褒めてあげればいいのです。自分から行動して
よい場を提供することで、子どもたちは、「何が足りなくて、何がいけ
なかったのか」を振り返るようになります。また「次、どうすればいい
のか」を考えるきっかけにもなるのです。

　子どもの組織ですが、実質的には大人のそれと同じような形です。11
の係の長を実行委員が担当し、委員長や副委員長が分担してそれぞれの
係の原案をチェックします。そこで良しとなれば、学年全員に提示とな
ります。もし、そこで不十分な原案だと分かれば、もう一度実行委員会
で原案を練り直していくのです。そうした流れを繰り返していく過程に
こそ、リーダーに必要な学びがあると考えました。

（２）登山ルートから下山方法までも子どもたちで

　事前の下見で登山ルートの安全性を全て確認しているものの、そんな
様子はおくびにも見せません。自分たちで資料を調べながら、あくまで
も子どもたちが選択したという形をとるのです。

　原案を考えるのは、もちろん実行委員会。学年会議で３つの選択肢を
出しました。
「上り下りともに歩く、上りは歩くが下りはリフト、上りは歩くが下り
はケーブルカーの３つの中から選んでください」

　もちろん、提案に至る過程では、本や地図帳、自宅のパソコンを駆使
して無我夢中で調べました。仲間と共に、何を伝えるべきか、必要な資
料はどれなのか、どの情報を資料に書き加えればいいのかを検討してい
たのです。教師は、子どもたちからお願いされた資料のコピーや拡大、
印刷などに徹する姿勢に終始しました。
「この資料で聞いている友達に伝わるの」
「本当にこれだけで、伝えたいことが全て伝わるのか考えてみたら」
子どもたちの相談には乗りますが、決してアドバイスはしません。何が
足りないのか、どうしていけなかったのか、リーダーが育つ上で必要な

気付きだからです。
　実際の学年会議の様子はというと、
「帰りも徒歩になると時間がかかり過ぎると思います」
「いや、歩く体力をつければ、大丈夫なはずです」
「リフトは自然を感じられるけど、ケーブルカーはそうではないと思います」
「ケーブルカーは一度に何十人も乗れるので、下りるのも早いと思います」
実行委員がそれぞれの長短を説明しているので、学年みんなの意見が適切な中で議論が進んでいきました。さて、採決の結果。話し合いを受けて、行きは勿論歩きで、帰りはリフトに決定しました。
　子どもたちにとって、実は帰りも歩くか、それともリフトやケーブルカーに乗るかというのは、とても大きな問題です。遠足に向けてのモチベーションにも関わるでしょう。それを教師が、
「体力をつけるために、帰りも歩くぞ！」
となったら、子どもたちはそのまま受け入れるに違いありません。教師が決めたのだから、黙ってそれに従えばいいという意識が定着しているからです。しかし、その大切な決定だからこそ、子どもたちに委ねるのです。
　リーダーの条件として、未来に対する展望や開拓精神は不可欠です。
「自分たちは大切な決定に関わった」
という意識が、更なる責任感を生み、次の課題へのチャレンジ精神を育むでしょう。
「教師は決めるべき立場で、子どもはそれに従っていればいい」
そんな旧態依然の考え方では、いつまで経ってもリーダーは育ちません。子どもに期待するのは、完璧な遠足ではありません。遠足の先にあるであろう、次の困難への対処や未知の世界に飛び込んでも力を発揮できる人間の育成なのです。

（3）約束・持ち物の検討

　登山ルート、下山の方法など大切な部分が決まると、次は具体的な係での話し合いとなってきます。実行委員が中心となり、学年全員を振り分けた各係を組織することで、内容の精査、学年全員に問う提案事項等を検討していきます。

「集会係は、出発式や到着式のことを考えないといけないね」

「学習係は何が必要かな。高尾山にいる動物とか植物を調べたらどうかな」

係ごとに話し合いの熱も帯びてきました。自然と困ったことや分からないことを実行委員に聞いたり、担当の教師に相談したりするようになりました。少しずつ実行委員とともに係に所属している子たちの意識が高まってきた証拠です。それでも教師は、子どもが相談してきた際には、

「実行委員の○○さんに聞いてみたらどう」

「大事なことに気付いたね。その内容は実行委員に伝えたの」

仲間との課題解決を促したり、良い気付きを認めて次への方向性を示したりしました。その場で結論を伝えることはしません。あくまでも主体は子どもたちです。学年の子どもたちには、

「先生がみんなを連れて行く遠足には価値がない。みんなが先生たちを連れて行くんだ」と伝えていたからです。そこまで言う代わりに、教師は安全面に関して、職員同士で事前に共通理解を図り、子どもたちに聞かれても答えられるように準備をしておきます。ゼロから創る特別活動、その先にあるリーダーの発掘、育成を重点において取り組んでいるからこそ、教師側もあらゆる視点や観点で何度も共通理解を図ることを徹底していくのです。子どもたちに、

「課題に向き合い、粘り強く考えられる人になってほしい」

「自分の意思をしっかり持って、発言できるリーダーになってほしい」

などと思い描くビジョンや身につけさせたい力を持って指導するのは当然なことです。だからこそ、その裏には、教師同士の報告・連絡・相談

のやりとりが必要不可欠なのです。

　係ごとの話し合いが進み、いろいろな係から実行委員に学年会議で提案したい案件が出てきました。その中でも約束・持ち物係は大きな提案がありました。

「お菓子を持って行くべきかどうか」

という課題です。

　学年会議で、約束・持ち物係は「お菓子を持っていくべきかどうか」のメリット・デメリットを説明し、賛成・反対意見、質問を問いました。ある子が、

「お菓子を食べられる時間は何分ありますか」

と質問したのです。自分やみんなにとって必要な情報だと判断し質問したのだと思います。自分ごととして捉えられるようになってきた子どもたちも増え、賛成・反対意見、質問も出てくるようになりました。その後、多数決を取り、お菓子を持っていくことになりました。しかし、その内容だけでは不十分でした。それは、もしお菓子を持っていくとなった場合の個数や予算を考えていなかったのです。教師からは再提案をお願いし、学年全員にこんな言葉を投げかけました。

「何をするのにも必ずゴールがある。この高尾山登山のゴール、目標は何なの。そうだね。協力して高尾山を登り切り、そして楽しむ。だとしたら、目の前のことをじっくり考えることも大切。それ以上に先を見通して活動できるようになることも大事なことなんだよ。その見通しを持つことができれば、そのために何をどうすればよいか、どの内容を先に考えなくてはいけないかが決まるよね。それを優先順位と言う。だから今までの話し合いをもう一度見直して、"見通し" と "優先順位" を意識して頑張ろう」

子どもたちは教師の言葉を頼りに再び話し合いをスタートさせました。

　そして、約束・持ち物係の学年会議、再提案の日となりました。お菓子の個数制限の有無から提案し、無しだと決まると、次は予算をいくら

にするのかを提示しました。

「A案は300円以内、B案は700円以内、C案は金額は自由という3つです。この中から決めてください」

　結論は、300円以内に決まりました。前回よりも子どもたちの提案の質の向上が見られ、教師は子どもたちを褒め、励まし価値付けることもできました。子どもたちを如何に自主的な姿勢や態度にもっていくか、すなわち、リーダーを育てるための仕掛けが鍵となるのは間違いないのです。

　遠足の目標にある、"楽しむ"、その楽しむために係が何を考え、行動に移していくか、この2回の学年会議を通して子どもたちは考えさせられたことだと感じました。

「お菓子は2個までにしよう」

教師が言えばそれで通るでしょうが、学校は子どもを言う通りにさせる場ではなく、社会に出ても活躍する子を育てる場なのです。

（4）バスの座席も配慮して

　実行委員会や係会議。休み時間に自主的に係ごとに集まって話し合いをしたり、他の係と連携しあったりして情報を共有するようになりました。実行委員は自覚と責任が芽生え、活動により前向きな姿が、各係に所属して取り組んでいる子どもたちは今まで以上に自分から動こうとする意識や行動の変化が見られるようになりました。ここまで来ると、

「登山班ごとに山頂にそろったら昼食の号令をする（しおり係）」

「3・4年生の出席番号順のペアではなく、登山班のペアでリフトに乗る（リフト係）」

どんどん具体的な内容が決まってきます。

　そんな中、バス係も学年会議で提案をしました。案件はバス座席についてです。自由席、3・4年生ペアの席、実行委員が決めた席の3つの方法があげられました。学年会議での意見も自然と質が上がってきまし

た。

「私はペアの席がいいと思います。友だち同士だと仲の良い子同士になるので、普段関わりが少ない3年生と座って仲良くなる方がいいと思います」

「僕は実行委員が決めた席がいいと思います。実行委員はいろいろな係に所属していて、全体のことをよく分かっているし、実行委員なら誰とでも仲良くなるチャンスを増やしてくれるだろうと思いました」

　子どもたちから、自分さえ良ければいいという発言ではなく、ねらいを意識した発言が多く出てきました。何のための高尾山遠足なのか、何をねらいとしているのかを理解してきたことを教師は感じ取ることができました。

　バス座席についての結論は3・4年生ペアとなりました。その後、ペアを作る段階で真っ先に配慮したのがバス酔いをしやすい子への配慮です。すぐにバス係のメンバーで手分けをし、どの班の誰がバス酔いするのかを聞いて回っていました。まさにリーダーが育つ過程そのものです。先を見通し、考えることを止めない姿勢こそが大事なことです。バス係のメンバーはその情報を共有して整理し、さらにその先を考えます。

「酔いやすい子はなるべく窓側で、前の座席になるように考えよう」

「それでも、必ず3、4年生同士がペアになるようにしよう」

「もしできるなら男子と女子で組んでもいいよね」

主体的に取り組んでいるからこそその発言です。教師にバスの座席表をもらい、名前を書き込んでいきました。どうしてもバス酔いする子が複数いる班の場合には、該当する子のところにわざわざ出向き、許可を取っていました。それだけ自分たちの役割を最後まで全うしようとする決意の表れでした。

　名前の間違いがないか、名前の記入漏れはないか、教師やカメラマンの名前は記入したかなど、確認に確認を重ねていました。実行委員長や副実行委員長の最終確認を経て清書したり、学年の掲示板に貼って学年

全員にお知らせしたりとバス係全員で役割を果たしていったのです。

　ある学年会議で、担当教師が子どもたちにこんな話をしていました。「今回のバス係の動きはどうでしたか。みんなの参考になったよね。人はいくらでも楽ができる。でもこのバス係のメンバーは学年会議で決まった後も一安心せず、そこからさらにギアを上げて自主的に動いていたよね。考えることをやめずに係のメンバー全員が何かしら自分にできることを見つけて動いていた。まさに学校目標である“自分から”の姿ができていたと思う。みんなも“自分から”と“常に考える、考えることをやめない”、これからもその2つを実行に移そう」

　リーダーを育てるためには、教師の号令だけではうまくいきません。子どもたちが主体的に動かざるを得ない場を設定することが不可欠です。バスの座席決めという仲間を楽しくさせられるための題材を提供することで、子どもたちは喜々として取り組むことができました。リーダー育成には、子どもたちが楽しみながら取り組める場づくりも必要なのではないでしょうか。

（5）遠足当日の様子から振り返りまで

　失敗や苦労を乗り越え、粘り強く取り組んできた約1か月半が過ぎ、遠足当日を迎えました。“協力して高尾山を登り切り、そして楽しむ”、この目標に向けて、当日も実行委員中心に活動が始まりました。自分たちで作成してきたしおりの分、よく読み込んできていたので的確な指示が飛び交っていたのが印象的です。
「3年生の帽子は白だね。赤色の人はいないよね」
「今、9時38分。山に登るのは9時45分なのだから急いで！」
みんなで一緒に成し遂げる、楽しもうとする思いが行動に現れていました。学級担任はどこで誰がどのように考えて動いていたか、その場の何がよくて、何が足りなかったのかを見て、ひたすらメモしました。それが遠足後の振り返りで、子どもたち一人ひとりに考えさせる材料となる

からです。その場で声をかけ、褒めることはありますが、面と向かって細かく伝えることはしません。

「列が間延びしないように工夫してごらん」

教師が指示して列の間隔が縮まったとしても、それは教師がアドバイスしたからに過ぎません。そこに子どもの意志がない以上、体裁を繕うことは無意味です。リーダーを育てるということは、子ども自ら動くための仕掛けをし、同時に子ども自ら気づくまで待ち、その気づきを評価することが不可欠でしょう。

　高尾山山頂での昼食後。しばらく自由時間を取った後、下山する時刻となりました。その際の集合場所について、子どもたちでの判断が求められるところですが、他の団体が昼食をとっているすぐ横で整列を始めようとした班がいくつもありました。これでは他の登山者に迷惑をかけます。さすがに場所を変えるように促しましたが、離れた場所にすぐに集合する班とそのままの場所にとどまる班に分かれました。その時、

「今の指示をどう出したの。なぜ指示が通る班とそうでない班があるの」

子どもたちに投げかけ考えさせます。指示系統や内容はどうだったのか、的確だったのか、そのようなことまで考えるようになれば、リーダーとしての力は付いてくるはずです。

　遠足を振り返ると、様々な場面が見られました。学校でも集団で行動する時に友だちに声をかけられて動いていた子は、登山中も、

「あと少しで休憩ポイント、○○さん大丈夫、がんばって」

やはり、真っ先に声をかけていました。その他にも班の友だちが遅れていた時、友だちを気遣い最後までずっとその子のペースに合わせて登っていた子もいました。昼食後、班の友だちが喋っている中で、他の班の行動を見てゴミ拾いする子。下山後、バスに乗り込まずに、奥の座席の友達を先に乗せようと待っていた子。学校にバスが到着して疲れているはずなのに、到着式をするために一目散に走る実行委員。子どもたちの良かった部分をなるべく多く見取り、後で評価するようにしました。

「自分のやったことはよかったんだ」

そう思えれば、次も自分から気づき、行動に移す子どもは確実に増えます。その中から間違いなくリーダーが誕生してくるのです。

　子どもたちの動きに足りない部分があったとしても、ゼロから創る特別活動、高尾山登山がとても意味のあるものになったのは事実です。その理由は、当日に至るまでの過程で主体的に動けるようになった子が、当日も周りをよく見て指示したり、人より先に行動できたりと、自分で考え判断し行動する様子が増えたことです。2つ目は、遠足後の振り返りの場で、取り組みから当日までを客観的に振り返り、自分の言葉で伝えることができていた子が多かったことです。子どもたちからこんな振り返りが出ました。

「学年会議や係会議などを経験して、進め方が分かった」

「やるべきことの優先順位を付けることが大事だと思った」

「自然と他の係に報告したり、相談したりできるようになった。連携し合うことが必要と感じた」

「思ったことを仲間に伝えずに動いてしまっていたことがよくなかった。前にやるべきことの内容を見通して考えていかないといけないと学んだ」

「自分から動くことが分かってきた人もいるけど、まだ周りに流される人も多い」

「実行委員の○○さんのように、諦めずに考えられる人になりたいと思った」

自分の問題として捉え、活動してきたからこそその言葉でした。

　私たちはこんな思いを子どもたちに伝えました。

「教師が100%の準備をしても、君たちには力はつかない。でも、君たちが作ってたとえ70%の出来だったとしても、その70は全て君たちの力になる。だから、任せたんだし、期待以上によくやってくれた。ありがとう」

生まれながらのリーダーなどはいません。だからこそ、教師が大いな
るきっかけやチャンスを与え、リーダーを育てるのです。任せるという
経験が次の活動の土台、また、子どもたち一人ひとりの学びの礎になる
と確信した瞬間でした。

【冬の大運動会】

（1）遠足の次を期待した子どもたち

　遠足を自分たちで創り上げる経験をした子どもたちは、
「自分たちで創るって、大変だけど楽しい」
自信と達成感を感じていました。これらは、日常生活の中にも反映され、
あらゆる場面で"自分から"を意識して動く子どもが増えていきました。
さらに、
「今度はどんな活動が待っているんだろう？」
次を期待している様子が、遠足の振り返りから強く感じました。

　我々教師から見ても、確かに自分たちで企画・立案し、実践していく
力がついてきている手応えはありました。しかし、主体的に関わってい
る子どもはまだほんの一部です。ようやく「自分から動く」「自分たち
で創る」ことの意味が分かってきた段階です。さらにこの力を伸ばして
いくためには、どのような活動を設定すればよいか考えました。同時に
子どもたちにも聞きました。
「全員が自分からやろうという気持ちを持てばすごいことになる」
「先生が全く口を出さなくてもいい行事を成し遂げたい」
「今までやったことのないような取り組みをしたい」

　ポイントは、遠足よりもより"ゼロから"自分たちの力で創り上げる
こと。そして、より「自主性・主体性」が必要となるという条件です。

　私たちは、高尾山での遠足に次ぐ、第二の仕掛けを提供する段階に入
ってきたのを感じていました。

「ゼロから創り上げることができ、今までやったことのないような取り組みで、なおかつ全員が動かなければならないような…」
間髪入れずに次の矢を放つタイミングが迫っていたのです。

（２）冬の大運動会の発想

　そこで挙がったのが、
「運動会を子どもたちの手でゼロから創ったら…」
という発想です。運動会であれば、子どもたちは毎年経験しているので、具体的なイメージを持つことは容易です。また、ゼロから運動会を作り上げるとなると、たくさんの係が必要となります。全員が一人一役の係に所属することが可能で、自分の課題として主体的に関わる場を設定することができます。前代未聞の全て子どもの手による運動会。12月に実施することから、"冬の大運動会"と名づけました。
　子どもたちに提案すると、予想を超えた大反響でした。
「先生がやってた運動会を全部自分たちでやるの？」
「種目は誰が考えるの？」
「審判は誰がやるの？」
全て子どもたちがやる旨を伝えると、やがて歓声はおさまり、神妙な顔つきになっていきました。実際に自分たちで企画、運営する姿を想像したとき、これは中途半端な心構えでは実現しないと悟ったようです。
　まず最初に募集したのは、全体像を企画していくための実行委員です。
「私たちは本当に見ているだけだよ」
そう伝えると、どの子の顔にも緊張感が浮かびました。しばらくして立候補する子を聞いてみると、大多数の手が挙がったのは遠足での取り組みを経験したからでしょう。
「自分も中枢として活躍したい」
多くの子がそう思ったようです。リーダーになることに対し、ある種のステータスを感じていたのは間違いありません。

実行委員が決まると、次にどのような係が必要か検討していきました。結果として、実行委員の他に31の係を作ることになりました。31個の係には、クラスから一人ずつ所属します。つまり、係の中には3・4年生がそれぞれ2人ずつしかいません。必然的に4年生は係をまとめる役目を果たさなければならなくなります。普段ならクラスのリーダーに任せて陰に隠れている子にも、活躍するチャンスが与えられます。より多くの子に挑戦する機会を設定することができるのです。

　また、各係にはクラスの中から自分一人しかいませんから、責任重大です。クラス会議の際に、係からの提案や進捗状況の報告をしなくてはいけないからです。主体的に関わっていなければ成立しない状況を敢えて作り、リーダーとして動かざるを得ない場を設定しました。このような責任ある立場が苦手な子ももちろんいます。そうした場合、必ず同じ係の友だちが関わってフォローしようとします。仲間と力を合わせたり必要に応じて陰からフォローしたりすることもまた、リーダーとしての大切な素質です。

（3）種目もルールも子どもたちで

　実行委員が運動会全体の骨子を提案し、全体会議で話し合いをします。例えば、
・運動会のスローガン
・31個の係と仕事内容
・具体的な種目の中味
・チームはどのように作るか
などです。全体会議は遠足の際に何度も行っていて、反省を生かして改善しているので、どんどん上達していきました。メリット・デメリットの両面から検討すること、賛成・反対意見のとりまとめ、最終的な決定など、全体をまとめるリーダーとしての力が確実についてきていました。自分たちの意見で全てのことが決まるので、実行委員以外の子どもたち

も真剣に主体的な姿勢で会議に臨んでいました。ピリッとした緊張感と「自分たちで創るんだ」という強い気持ちの感じられる、素晴らしい雰囲気となりました。

その後、係会議で係ごとに話し合いをします。例えば種目係は、何の競技をするか、どのようなルールにするか、用具は何が必要かなどを話し合います。その際、「整理・分析・分担」を大切にするように伝えました。リーダー育成を考えたとき、ただやみくもに行動するだけの時期は過ぎていたからです。

まず、自分たちの仕事内容を洗い出し、整理します。次に与えられた条件の中で実現可能かどうか、期限や優先順位などを分析します。そして、それらの仕事を適切に分担します。このように、問題を解決していく方法を指導した上で、子どもたちに創らせるのです。また、何でも自由にではなく、ある程度の条件をつけたり、ときに困難な課題を提供したりすることによって、子どもたちは何とかしようと主体的に考え始めます。
「何でもいいよ」
という段階を経てきたからこその要求です。

種目係にも当然ながら条件を課します。
「12月という時期を考えてケガをしないこと、見る側が分かりやすい種目にすること、得点の付け方が明確なこと。この3つをクリアすること」
ルールについても、同様です。
「取り組む時間が多くないのでルールが明確なこと、見ている側にも分かりやすいこと、この2つをクリアするように」
こうした負荷をかける中で、子どもたちは今までの学びに上乗せをしていくのです。

種目とルールが決まると、用具係は種目係にどんな用具がいくつ必要か聞き取りに行きます。採点係は競技の点数を何点ずつにすればよいか

調整しながら決めます。応援係は応援歌やコールを作り、チームごとに練習します。プログラム係は数種類のプログラムを考え、全体会議で提案します。

「用具係の立場で見ると、用具の準備と片付けが大変なので、準備に時間がかかる種目は離した方がいいと思います」

「学年種目が続いてしまうので、離した方がいいと思います」

という具合に、自分の好みや主観ではなく、係の立場や全体のバランスなど、様々な角度から意見を出し合い、決定していきました。設定された授業時間以外にも、子どもたちは進んで係で集まり、話し合いや準備をしていました。めあてや分担が明確であり、なおかつある程度の条件という負荷をかけると、子どもたちはもう一段伸びていくということが分かった瞬間でもありました。

（4）もちろん用具の準備も

　用具係は、各種目には何がいくつ必要か種目係に聞き取りに行き、分担をします。数がそろっているか体育倉庫に確認に行ったり、段ボールを集めて自分たちで作ったりしました。クラスで段ボールを集めることを伝えると、

「みんなで集めれば早いんじゃないの」

たくさんの子どもたちが家庭から段ボールを持ち寄りました。

　プログラムの合間に誰が何を準備するのか、片付けはどうするか、人数は足りているか、実際に校庭に行ってシミュレーションし、検証・修正しました。感心したのは、実際の運動会で教師が作成する用具係用の図や表を、まだ実物を一度も見たことのない3・4年生が自分たちで作成していたことです。種目名、担当者、用具と数、配置図が書かれたものが必要であると感じ、自分たちで進んで作成したのです。教師が気づいたときには、すでに必要枚数コピーし、係のみんなで書き込んでいました。

「自分たちで作ったの？」

「はい」

当然だとばかりに胸を張る子どもたちには、頼もしささえ感じました。ゼロから創り上げるという過程には、前例を踏襲せず、自分たちでクリエイティブに考えるという良さがあります。これもリーダー育成に不可欠な要素だと感じました。

　このように、自分たちで考えてどんどん行動してもよい場が数多く存在したのです。これがもし『花壇に花を植えよう』程度の活動だったらどうだったでしょう。何を考えるかより、何をするかに終始していたはずです。やるべき活動が多岐にわたっていないからです。みんなで花を植え終わればそれなりに達成感はあるでしょうが、ゼロから創り上げたという成就感までは持てないはずです。

「用具をちゃんと準備するには、どうすればいいのか…」

　ゼロから考えることで、用具係用の図や表を作成するという発想につながったのではないでしょうか。新しいことにチャレンジする開拓精神がリーダーとして必要な要件だと考えると、必要な経験になったと思います。

（5）審判も子どもたち

　決勝審判係は、自分の出場する種目が終わると、次の種目の担当につかなければなりません。着順を見たり勝敗を決めたりと、係の仕事に戻るのです。どのように分担すれば運動会が滞らずスムーズにいくのか、プログラムや出場種目を考えながら決めます。試合時間は何分が妥当か、引き分けの場合どうするのか、細部にわたって決めていきました。実際に校庭に出て着順を決めるシミュレーションもし、問題点を改善していきました。

　決勝審判の判断に従って、採点係は点数を計算します。表があった方が分かりやすく、記入ミスや計算の間違いが少ないだろうということで、

表を作って書き込むことにしました。教師は模造紙を用意したり、原稿をコピーしたりするだけです。自分たちで良いと思うことは、どんどん行動に移していきました。

　決まったことやお知らせがみんなに伝わるようにするにはどうしたらよいか考え、実行委員が掲示板を作成しました。そこに自分たちでどんどん掲示していくのです。チームの色分けは、全体会の場で応援団長がくじ引きして決めました。大人から見ると何色でもよいのですが、子どもたちは大盛り上がりでした。色分けが分かるようにと、実行委員は手作りのはちまきを作成しました。子どもたちのアイディアは、大人の想像を大きく超えていきました。

　本番の1週間前には、リハーサルを行いました。それぞれの係が準備してきたものを、実際と同じようにやってみたのです。リハーサルでは、数々の問題点が浮き彫りになりました。しかし、これは良い失敗です。失敗をいかに成功に変えるか、これが学びです。

「どうしてうまくいかなかったんだろう？計画のどこに原因があって、自分たちに足りないものは何なんだろう？」

多少のショックもあったようですが、子どもたちはめげずに、前向きに立ち上がりました。様々な角度から検証し、改善方法を自分たちで考えました。そして、本番までにその問題点を改善しました。そこでは、各係の話し合いも大切ですが、全体の調整が最も重要です。実行委員は出てきた問題点を整理・分析し、リーダー会議を持ちました。そして、各係に改善を求めたり、全体調整を行ったりしました。ここでも教師はうまくいかなかったことや問題点を咎めたりはしません。自分たちで考えて創ったからこそ見えてきた問題点。そこにこそ価値があり、その問題点を改善する過程そのものが学びであり、リーダー育成の過程なのです。

（6）教師は見学席で

　運動会当日の朝。登校してくると校庭に飛び出し、自分の係に必要な

ものを準備していました。自分の係の準備が終わると、すかさず終わっていない係を手伝います。ここまでくると、教師を頼らなくても自分たちで考えて自信をもって取り組むことができるようになっていました。リハーサルでの問題点を改善したことが、自信につながっているようでした。

　教師は何の口出しもせず、見学席で見ることにしました。手や口を出したい気持ちを押さえながら、子どもたちの逞しく成長した姿を嬉しく思いながら、でも一人一人がどのように動き、どこに課題があるかを評価しながらの見学です。4年生が

「本番は、先生は見ているだけでいい」

「全部自分たちでやる」

と言っていたことが、現実になりました。

　子どもたちは、出場する種目では思い切り楽しみながら参加し、自分たちのチームの勝利のために団結し、そして自分の係のために走り回ります。仕事がうまく回っていない時には、実行委員が走り、指示や調整を行います。係の仕事や出場種目のない子どもたちは、応援席で応援団と一緒にチームの応援をします。自分がやらないと運動会が滞ってしまうので、誰一人として誰かに任せたりさぼったりする人はいません。予定していた時間内には終わらず時間は過ぎてしまいましたが、子どもたちの顔には、やりきった達成感と満足感が満ちあふれていました。優勝したチームは歓声を上げ、胸には実行委員手作りの金メダルが光っていました。

　振り返りの際は、係ごとの細かい反省がたくさん出ました。そして、

「もっと簡単な競技がいい」

「点数はこうした方がいい」

などの改善案が出されました。しかし、冬の大運動会を今後もう一度やるわけではありません。ここでの反省が、また別の活動や今後の人生に生きてこなければなりません。そこで、教師から

「目に見える葉っぱの部分ではなく、根っこや幹の部分に目を向けよう」と投げかけます。

　すると、子どもたちからは次のような意見が出されました。

・事前確認　　　　　　・本番を具体的にイメージした計画
・時間配分　　　　　　・その場に合った対応力
・的確な分担　　　　　・締め切りから逆算した仕事
・先を見通す力　　　　・つられない強さ
・ハプニングも含めたあらゆることを想定した準備
・本番に100％の力を出すために200％の準備をする
・自分だけでなく周りの人のことも考える
・流れをイメージした予習

　これらが自分たちの課題であることに気づき、それを意識して改善していこうとするならば、別の活動においても、例えば来年度の遠足においても、そして将来においても役に立ちます。このような考え方を教えることは、リーダーを育てる意味においても教師の大切な役目であると考えます。失敗やうまくいかなかったことも含めてゼロから創る過程にこそ価値があること、自分たちの成長や今後の根本的な課題が見つけられたことが最大の成果であることを伝え、賞賛します。子どもたちには自信と達成感と満足感が満ち、また次に「自分から」行動しようとする原動力となるでしょう。

　この"冬の大運動会"では、遠足と比べると「自分たちでゼロから創る」という意識が相当高まったように感じます。また、一人一役という責任の中で、自分の役目を進んで果たそうする子どもたちが増えました。4年生は3年生にとって憧れの存在となり、来年自分たちが4年生になったときには、3年生をリードして頑張りたいという目標ももちました。

　日常生活の中では、クラスの係活動で自分たちで企画・立案をしてイベントを開催したり、学級会での話し合いにより自分事として主体的に関われるようになったりしました。3学期の総合的な学習の時間では、

4年生は二分の一成人式を、3年生は1年間のまとめとしての劇を、今度はまさに自分たちだけでゼロから創り上げました。二分の一成人式のプログラムも、保護者宛ての通知も全て自分たちでつくりました。劇の台本づくりも監督も全て自分たちでつくりました。教師は印刷や物品の調達などをしただけです。次の年、運営委員として学校クイズ大会やスタンプラリーを全て自分たちで考えて実践したのも、この"冬の大運動会"で実行委員を経験した子どもたちです。このように、自分の事として主体的に関わることで、小集団の中でのリーダーがたくさん育ちました。そして、クラス、学年、さらに学校全体をまとめることのできるリーダーも育ったのです。

【林間学校】

（1）もう指示する必要はない

　5年生の総合的な学習の時間では、林間学校を活動の中心に据えました。前年度、遠足や冬の大運動会を造りあげた経験のある子どもたちにとっても、宿泊を伴う活動というのはかなりレベルの上がった課題です。1泊2日となると活動時間が長いため、事前に計画や準備をすべきことが多いことが理由です。また遠足や運動会といった"過去の経験をもとに"創り上げる学習とは違い、友だちと共に慣れない場所で一晩過ごすという、小学生にとってはほぼ"未知のもの"を創り上げなければならないためでもあります。

　しかし、自分たちで創る経験を重ねてきたことで、
「課題は困難であればあるほど楽しいし、やりがいがある！」
ものになった子どもたちにとっては、期待の高い活動でもありました。そんな今回の取り組みを行う上で意識したのは、やはり、
「失敗してもよいから全部子どもに任せてみよう！」
ということです。子どもたちには昨年度培った力の蓄えがあります。で

すから、昨年度と同程度の難易度の「自分たちで創り上げる」ことは、ある程度うまくいくのは見えていました。ただ、それでは新たな成長は望めません。そこで、昨年度よりも更に「ゼロから創る」ことを大切にしました。

　そこで、第1回目の総合学習の時間では、教師からはあえて、
「9月○日と○日に△という所に林間学校に行きます。これが今年の総合学習です」
のみを伝えてみることにしました。当然、子どもたちからは
「それってどこにあるの？」
「泊まって何をするの？」
様々な質問が出てきました。新しいおもちゃを目の前にしたように、興味津々といった様子の子どもたちに
「これは総合学習だよ。つまり、どういうことなのかな？」
投げかけると、途端に、はっとした表情に変わった子どもたち。
「自分たちで創るってことか！じゃあ、まずは実行委員を立てなきゃ。やりたい人はいる？」
「こんなにいっぱいは要らないよ。クラス毎に分かれて決めてこよう」
即座にすべきことを考え、動き始めました。

　かくして、その日の内に実行委員が決まり、実行委員がそこから話し合って、教師に報告・提案してきたのです。

（2）骨格から自分たちで

　驚いたのは、自分たちで組織作りをしていたことです。各学級3名ずつの実行委員を決めると、後は自分たちで実行委員長1名、副委員長1名を選出していました。指示系統や責任の所在をはっきりとさせることで、誰が何をすべきか明確にすることをねらってのことでした。

　宿泊場所やバスでの移動などすでに決まっていて動かせないもの、自分たちが決めてよいものの整理もしました。

「就寝時間も施設で決められているからね」

動かせないものを全て伝えることで、子どもたちは何を自分たちで決められるか明確になっていたのです。

「じゃあ、時間内の活動内容は自分たちで決められるね」

自分たちでできる部分が明確になると、喜々として活動を始めたのは、リーダーが多く育ってきたことの証とも言えます。

　自分たちで決めてよい範囲が明確になると、思いつく限りの仕事内容を洗い出しました。今回は「約束持ち物・活動1・活動2・活動3・活動4・雨天プログラム・食事・しおり・バス・学習・集会・宿泊」の12の係を作り、1つの係につき各学級2〜3名程度を振り分けました。各係の人数はなるべく少なくし、全員が責任をもって役割に当たれるようにしたかったからです。

　林間学校当日までの2か月間。係会で検討したものをリーダー会にかけ、全体会議で決定するというサイクルを繰り返して実践しました。今までの経験の積み重ねがあったからでしょう。ここまで自分たちで考えられるようになっていることに驚きました。ましてや、今回の実行委員は遠足や冬の大運動会とはメンバー構成が異なります。それでもここまですべきことを洗い出し、整理できているということは、今までの活動を通して、みんながプロジェクトを進める手順や実行委員の動きを注視していたということでしょう。

　もちろん多少の落ちは教師の方から自分たちで気づけるよう補助しましたが、ここまでくれば教師がするのはそれくらいです。課題が変わっても、"物事を自分たちで創る力"は汎用性の高いものだということが分かります。総合学習の時間を充実させていけば、高学年ではもう教師は指示をする必要はないのです。

（3）活動内容も自分たちで

　本市の林間学校では、施設の方からその時期に実施可能な活動が複数

示されています。スポーツ系、楽器系、自然系、ものづくり系等です。そしてその中から、各学校の林間学校目標に見合った活動内容を選択することができます。

　そのため私たちの学年では、スローガンに決まった『はやぶさ2　〜新しいことにチャレンジし、目標まで止まらずに上がり続けよう！〜』に沿って活動を選択しました。比較的都市部に近く自然や地域の歴史との関わりの浅い児童の実態に合わせ、できるだけ日頃は体験できない自然との関わりを多く含む新しい活動ということです。

　まず、教師の方で可能な活動を8つ提示しました。

　・水源探索　　　　・野外炊事　　　　　　・伝統食作り
　・草木染め　　　　・キャンプファイヤー　・竹とんぼ作り
　・炭焼き　　　　　・ウォークラリー

　しかし、1泊2日という日程の都合上、この中から選べる活動は4つのみです。そこで、どのように決めていくかを実行委員に投げかけました。

①8つのグループに分かれて、それぞれの活動のメリット・デメリットをまとめ、全体会で発表し、多数決をとる。

②スローガンを決める際に、自分たちの課題として出た"けじめ""責任感""思いやり""学び"というキーワードに合う活動を実行委員が選ぶ。

③スローガンが"新しいことにチャレンジ"なのだから、人によって新しいことは違うから、自分がやりたい活動を選ぶ。

　3つの方法が提案されると、様々な意見が出されました。

「①は、みんなが参加するから他人任せじゃなくていいんじゃない？」

「いや、③みたいに自分でやりたいことを選んだ方が、みんな責任もってがんばるよ」

「でも、学年全員で同じ活動をした方が、苦手な人への思いやりはたくさんできると思う」

「活動が決まらないと係として動き出せないから、時間のかかってしまう①は避けた方がよくないかな」

　どれも活動優位ではなく、何のために林間学校に行くのかという自分たちの課題を意識した意見です。そして話し合う中で、“全員で同じ活動をするか”それとも“自分のやりたい活動を選ぶか”というところに論点が絞られてきました。そこで委員長が話を集約しました。

「思いやりも責任感も私たちに必要なことなんだから、全員でする活動も自分で選んでする活動もどっちも大切だよ。だから、4つの活動時間のうち、学年全員で活動する時間と、選べる時間の両方を作ればいいんじゃない？そして、その担当になった人たちに色々な活動のメリット・デメリットを調べて提案してもらえばいいよ」

「おー、それいいね！」

「①と③の合体版って感じだ」

　話はうまくまとまり、その後の全体会で全体活動3つ、選択活動1つ、雨プラン1つが決定しました。

　総合学習において活動内容を何にするかというのは、とても大きな部分を占めます。そこが何になるかによってやる気が増したり、ともすればやる気を失ったりするのが子どもたちです。だからこそ実行委員の考えた“何をするか”ではなく“どうしてそれをするか”という視点はとても大切になってきます。この視点によって、5年生の子どもたちは『どれこそが自分たちが今すべき活動なのか』納得のいく決定を自分たち自身で選び取っていきました。

（4）新たなリーダーの出現

　リーダーというと、まず最初にイメージされるのは実行委員の児童でしょう。実行委員に立候補するような児童は、元々やる気や積極性があり、かつ人気の役割を勝ち取るだけの人望もある子どもたちです。その子たちは今まで低学年、中学年と過ごす中で、そのような力をつけてき

ました。しかし、その子たちの陰に隠れて、持っている良いものに気づかれていない児童がいるのも事実です。

　全体活動と選択活動が決まると、それぞれの係での活動が始まります。自分の担当の係に関わる仕事内容をイメージし、話し合って決めたり実際にものを作って試したりするのです。例えば野外炊事係では、「カレーの作り方や隠し味を調べて、しおりのページに載せる」「必要な食材や薪の量を計算し、発注をかける」「野外炊事場の見取り図を作る」「司会や食事の挨拶担当を決める」などの活動です。この係には実行委員は属さず、各係の相談役という立場になります。しかし、実行委員は一人で複数の係を受け持つため、いつも係の活動場所にいられるわけではありません。そのため、各学級に普段存在する“困ったときに頼れる人”がいないという状況をあえて作り出し、それによって係のメンバーが“自分ごと”として頑張らねばならない場面を作ることができるのです。

　係会の時間、全体活動係は、学年全体で水源探索をするかウォークラリーをするかの２択を設定し、それぞれがどういったことをするものなのかを調べてまとめていました。この係の５人は進んで前に出る方ではありませんが、何でも真面目に取り組むことのできるメンバーだったため、下調べは充分でした。また９月という季節柄まだ暑く、水源探索というしたことのない活動はみんなの気持ちを引きつけるだろうと、事前に友だちの意見も拾い集めていました。そのため、全体会にはかけるもののほぼ水源探索で決まりだろうと踏んで、服装や川での注意点などを既に資料化していたのです。ところが、全体会で提案をしてみると、
「新しい経験は選択活動でできるから、学年活動ではお互いに思いやりをもって協力できるウォークラリーがいいと思います」
「ウォークラリーは、歩き回る体力もつくし、自然をよく観察して推理するという理科の力もつくと思います」
「時間を意識してゴールするというのは、ぼくたちが普段から時間のけじめがつけられているか腕試しになるのがいいです」

などと、ウォークラリーを指示する意見がいくつも現れ、僅差ではありましたがウォークラリーに決定してしまいました。徹底的に話し合った末の決定なので、水源探索を推していた子どもたちも決定した以上は満足してウォークラリーを心待ちにし始めました。困ってしまったのは全体活動係です。まさかの事態に、至急休み時間に集まり、話し合っているようでした。

　そして次の係会の時です。どうなることかと成り行きを見ていると、一人の女の子が係のみんなに話し始めました。
「これが林間学校のホームページに載っていたウォークラリーのルール。こっちが服装や注意点の資料だから、まず読んでみて。あとウォークラリーでは６人位ずつのグループを作る必要があるんだけど、どんな風にメンバーを決めたらいいと思う？」
他の４人は驚きつつも言われたように資料を読みました。そしてウォークラリーのコースに設定されている課題の、風景のスケッチが得意な人、推理が得意な人、時間の感覚が正確な人、チームをまとめるのが得意な人がバランスよく混ざったチームがよいのではと話し合いました。係会が終わった後、先ほどの女の子に尋ねました。
「どうして係会で調べずに自宅で調べてきたの？」
「先生、だって今日の係会でホームページで調べてルールを読んでいたら、チームの決め方までたどり着けないでしょ？次の全体会で決め方の報告をするのに間に合わなくなっちゃうから」
　とてもよく先を見通した意見です。彼女の言う通り、この日に調べているようでは全体会には間に合わず、さらに１週間後の全体会での提案となってしまい、係としての仕事が滞ってしまっていたでしょう。彼女は目先の仕事だけでなく、会議の日程と当日までの流れを考えて動ける力、余裕をもって取り組む堅実さ、係のみんなに指示を出せる力をもっていたことが、ここで明らかになったのです。
　その後、全体会でチームの決め方の承認を得た全体活動係は、次の係

会で"自分が何が得意なのかを自己申告するくじ箱（4種類）"を作って
みんなに名前の札を入れてもらい、その次の全体会でくじをひいてチー
ムを発表するという、みんなのウォークラリーへの期待を高める演出を
行いました。もちろんそれを中心で進めたのは先ほどの子です。日頃か
らとても良い子ではありますが、これほど動ける子だったとはと感心さ
せられました。

　活躍の機会は至る所に隠れています。思いがけない場面で、思いがけ
ない児童にスポットライトがあたり、新たな力が花開くこともあるので
す。
「リーダーはこの子で決まり！」
固定観念を持つことなく、誰にもオープンで機会を提供することが必要
だと感じた瞬間でもあります。

おわりに

リーダーは育てれば必ず育つ

　学生時代、友だちの車に乗って有名バンドの曲を聴いていた時のことです。「このバンドは世界で活躍するグループになったけど、世の中にはビートルズやローリングストーンズ以上の才能を持ちながら、それに気づかず一生を終える人の方が多いんだろうな。何てもったいないんだろう」

　友だちにそう話すと、私にとっては意外な答えが返ってきました。「そんなの、全然もったいないって思わない。音楽の才能があったとしても、残念なことにそれに気づく才能がなかったってことでしょ。自分が何者か分からないって方が、よっぽどもったいないんじゃないの」

　今から何十年も前の話ですが、今でも鮮明に脳裏に焼き付いています。彼は重ねてこうも言っていました。「音楽をやっている人間が人生の全てをかけて曲を作ったら、誰でも一曲くらいはヒット曲を出せるんじゃない」

　真偽のほどは分かりませんが、彼のメッセージは自分から気づくかどうかが大事だと訴えていたのだと思っています。

　新しいクラスを受け持つとき、前担任からの引き継ぎを受けます。「この子はクラスを引っ張ってくれる存在ですね」「この子に任せておけば大丈夫」リーダーとして活躍しそうな子を紹介されますが、決して多くいるわけではありません。数人のリーダーに限定してクラスの運営を任せたとしたら、引っ張る子どもと何も考えずに従う子どもに分かれてしまいます。人材育成の方法としては、固定化されたもったいない感覚でしょう。

　学校教育で大切なのは、どの子もフラットに見ていくことです。リーダーとして活躍できるための方法を教え、場を提供していくのです。そうすると、予期しなかったような人材がリーダーとして名乗りを上げて

きます。

「活躍している友だちみたいになりたいから、自分もチャレンジする」
恐る恐る名乗り出てきた子が、クラスや学年でピカ一のリーダーになったという話は、決して珍しいことではありません。大切なのは、「自分はこんな力があったんだ」と気づくチャンスを与えることなのです。

　私はリーダー的な要素が全て生まれつきのものだとは思っていません。言うなれば、鉄棒の逆上がりのようなものだと思っています。正しい方法を理解し、練習する場があれば、大抵の子は逆上がりができるようになります。リーダー育成も同様です。決して特別なポジションではありません。「こうすればいいよ」と自分の力に気づくチャンスを与えれば、大部分の子がリーダーになれるという実感を持っています。

　他方、「でも、少数の子が逆上がりをできないように、リーダーに不向きという子もいるのでは…？　それでは、本人が可哀そうじゃないの」そんな声もあるかもしれません。果たして、そうでしょうか。社会に出ると、多かれ少なかれリーダー的な仕事を任される機会があります。大勢を前にしてプレゼンテーションすることもあるでしょう。決して、不要ではありません。万が一、リーダー的な資質を必要としないポジションについたとしても、
「リーダーは何を考えているんだろう？」
類推する力はあった方が便利です。そのためにも、リーダーとして動く機会はあった方がよいのです。

　リーダーは生まれつき決まっているというのは、大人の勝手な思い込みです。おとなしくて引っ込み思案な子の中にも、きっとリーダーはいるものです。いろいろと試してみてください。
「自分にこんな才能があるなんて、今まで知らなかった」
子どもたちの喜々とした声が聞こえてくるでしょう。

齋藤　浩

【編著者紹介】

齋藤 浩（さいとう・ひろし）

1963（昭和38）年、東京都生まれ。横浜国立大学教育学部初等国語科卒業。佛教大学大学院教育学研究科修了（教育学修士）。現在、神奈川県内公立小学校教諭。日本国語教育学会、日本生涯教育学会会員。論文『親たちはなぜ自制が利かなくなったのか』（佛教大学教育学部学会、2009年）、『モンスターペアレントの対応策に関するパラダイム転換』（佛教大学教育学部学会、2010年）、『モンスターペアレントの実態と対応策に関する課題』（日本生涯教育学会、2009年）を発表するなど、保護者対応に詳しい。著書に『これからの「総合的な学習」〜情報の活用力を育む〜』（学文社、2009年）、『子どもを蝕む空虚な日本語』（草思社、2012年）、『アクティブな授業ができる　小学校国語科「開かれた発問」』（明治図書、2015年）、『新入社員はなぜ泣いてしまうのか　なぜ辞めてしまうのか』（ごま書房新社、2016年）、『民間校長　井坂明良』（電子書籍小説、はるかぜ書房第三出版部、2018年）、『理不尽な保護者への対応術〜関係を悪化させず教師が疲弊しないためのガイド〜』（学事出版、2019年）、『学校のルーティンを変えてみる〜慣習にとらわれない教育活動の見直し方〜』（学事出版、2019年）、『教師という接客業』（草思社、2020年）などがある。

【第4章執筆者】

門倉翔太、佐々木志織、新関志津

（神奈川県内公立小学校教諭）

必ずリーダー資質が育つ学級づくり
主体的・対話的な人間性を育む活動

2020年11月5日　初版第1刷発行

編著者 —— 齋藤 浩

発行者 —— 花岡萬之

発行所 —— 学事出版株式会社

　　　　　〒101-0021　東京都千代田区外神田2-2-3
　　　　　電話03-3255-5471
　　　　　http://www.gakuji.co.jp

編集担当　丸山久夫
装　　丁　精文堂印刷デザイン室　内炭篤詞
印刷製本　精文堂印刷株式会社